灰都と緑園

―― 水面と英国スクリーン・アート観想

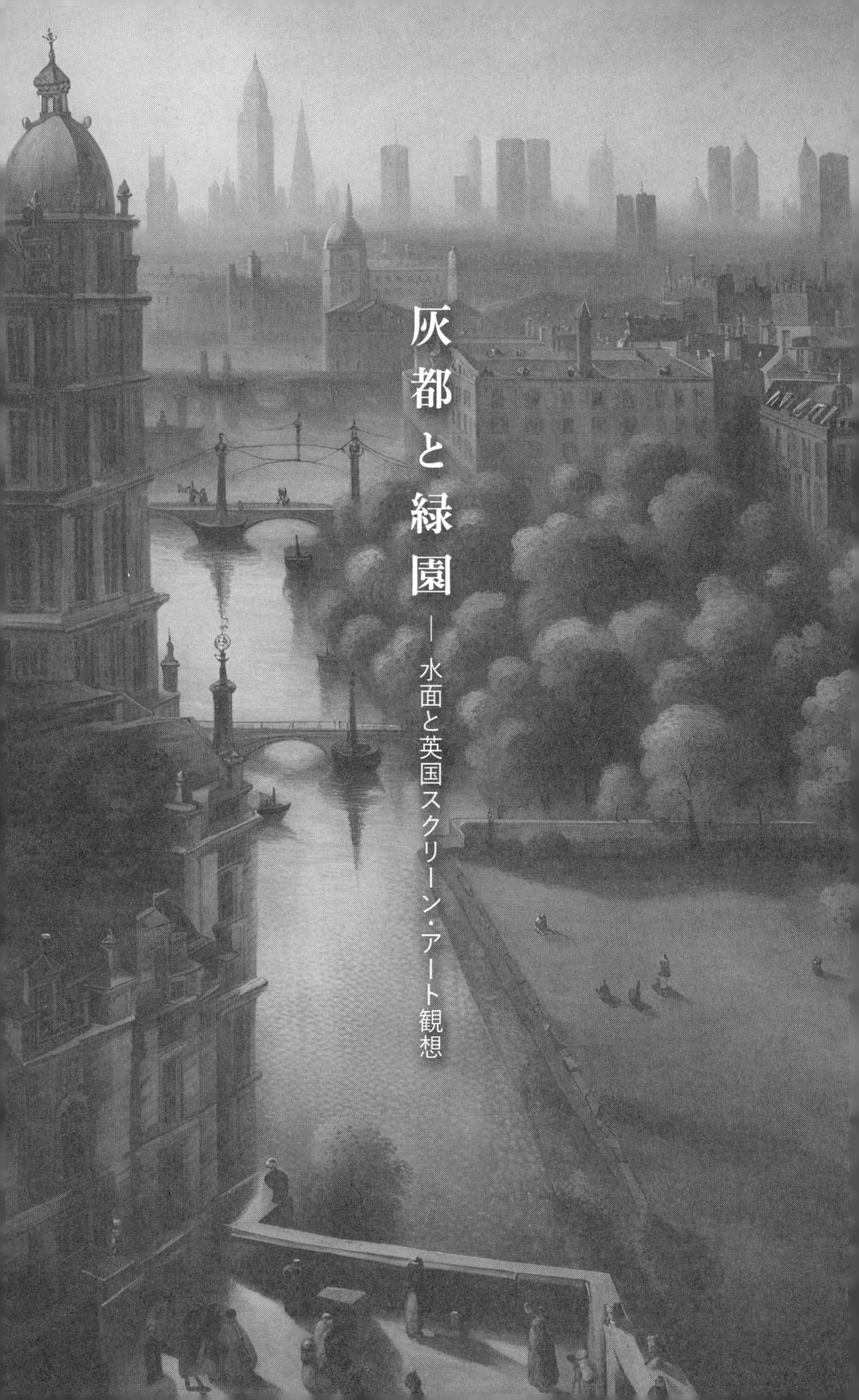

はじめに

緑色と灰色の世界があれば、多くの人は緑色の世界で過ごしたいと思うだろう。木立のなかの生活、山々を借景する池泉型庭園の記憶、室内の観葉植物、窓から見えるマルバの木。緑の具体を思い浮かべながら生活すれば心もなごもう。けれど人は緑色の世界が灰色の世界に支えられていることをしばし忘れる。緑多き山や湖沼の水に私たちを運んでくれるのも高速道路のコンクリートの灰色であったり、鉄路の鈍い銀色であったりする。海の青や海辺の緑も灰色の防波堤と共存して成り立つ。緑色も灰色もわれわれの生活に深く入り込む。一方、水は水色とは限らない。緑色でもあり灰色でもある。水は緑も灰も、人も映す。人はひたすら水に沿って歩く。本書ではたとえばテムズ河畔を歩く。ヴェニスの運河脇の細道を歩く。静岡県三島市の清らかな水の脇を歩く。

本書はイギリスのスクリーン・アート（視覚芸術）の記憶のなかから、「緑」や「灰」という色彩や「水」の印象を取り出して、観相する。時にイギリスから出てヨーロッパ、世界のスクリーン・アートに目を転じ、その色彩と海や川面を眺める。日本に戻り邦画を観ては、木立を眺める。対象は文学、絵画、映画、漫画、アニメーションとさまざまだ。

スクリーン・アートの鑑賞、屋内の読書、戸外の散策は不可分であり、その回想もまた同時に起こる。そこに音楽が聴こえればなおよい。画像、映像に疲れたら水面を見つめる。木立のなかで肌寒くなったら暖かい室内で読書にふける。

対象となる数多の作品は著者の人生の時間うちに堆積している。かつて足を棒にして歩いたロンドンの細い通りを抜けて目にした街の姿、かつて渋谷や池袋や新宿や飯田橋や神田で観たいわゆる名画。ロンドン、ナショナル・ギャラリーはじめ多くの美術館で目にした絵画、ヴィクトリア・アンド・アルバート博物館[1]で見た珍しい品々、2022年に漫画で翻訳されたジョージ・オーウェルの『1984』(1949)。2023年に日本で公開されたカズオ・イシグロ脚本の映画『生きる―LIVING』[2]。観た時、観たところはすべて異なる。

勤務先でカリキュラムを作り直すという話が持ち上がった。フランス文学の専門家が各国の映画を紹介する科目のアイデアを出した。自分の足元を見ると、これまでに読んできたイギリス文学、アメリカ文学、そして英語圏の文学の作品の記憶が散らかっていた。

15回の授業で網羅を志向するなど、無謀の極みで、それを可能にする力に恵まれた教員も稀だろう。「文学史」や「映画史」というものがあることは知っているが、おいそれと担当可能とも思えない。「史」を意識することはあっても、「史」に個別の作品が見えなくなるほど埋没してもまずい。

イギリスを中心としてその映画を語るにあたっても、作品の深い鑑賞、感動、感銘なくしては、

1 Victoria and Albert Museum。数百万点にのぼる美術・工芸作品をコレクションしたイギリスの国立博物館。20世紀末にヴィクトリア女王と夫アルバート公によりロンドンのケンジントンに開かれた。

2 七章164頁参照。

いたずらにイギリスでは、日本ではといった表現に堕して、ありきたりの年代など覚えて終わりということになりかねない。そこで作品の時系列はひとまず脇に置き、気になっていながら、既刊の自著で触れなかった作品の話から入ることにし、また触れていても別の視点に触れる必要があれば再度とりあげることとした。

文学史はただ静止して人の前にあるのではない。ふたつの作品を読めば、人はそこになんらかの関係づけを行おうとするし、そうした関係づけの束が結局、文学史的なるものとして次の、またその次の作品の鑑賞上の座標軸となる。映画史の座標軸もそれに似て、完成というものがない。作品を観続けるかぎり、鑑賞者の座標軸は更新されていく。しかも「史」であるから、二次元と見えた座標軸は時間をとり込み三次元方向に膨張する。鑑賞を終えた新作や初見の旧作はそのかたまりのなかに次々と吸収されてしまう。映画史も動いている。

もうひとつ。映画から入るというのに、なぜ、小説、映画、漫画、アニメーションと入口をいくつも用意するのか。それには本書を学生との議論のスタート地点にするという意図が絡む。著者の年代は鑑賞の対象が小説やせいぜい映画であった。漫画と言っても、『ガロ』や四コマ漫画。アニメーションも初期のテレビ番組から。ところが毎年迎える大学一年生は、細かい文字からなる文庫本をもはや芸術談義の参照枠として持たない場合もある。参照枠とはつまり、人生のある側面について語るとき、あの作品は、この映画は、というかたちで引き合いに出される作品群のことだ。

映画も観方が変化している。『映画を早送りで観る人たち』（稲田豊史著、光文社文庫、２０２２）では「倍速視聴」が取り上げられた。かつてはビデオカセットテープ、それからＤＶＤやＢＤといったメディアを早送りして「時短」で観ることもあっただろうが、今や動画視聴は早送りが常態化しており、さらには早送りを想定して作られる動画作品や番組がある。

学生の参照枠を席巻しているのは、漫画やアニメーションのほうが多い。著者が小説や映画をもって解説する内容について、学生からは、それは漫画やアニメーションの世界ではこういうことではないかとレポートに書いてくる。世界史や日本史の参考書が漫画で出ている時代、しかもそれが面白いという時代に学生も著者も生きている。小林多喜二の『蟹工船』[3]が漫画となり、夏目漱石の『こころ』や太宰治の『人間失格』といった作品も、そして哲学までもそのエッセンスが漫画化され[4]ているというのが今だ。

漫画で内容が薄まることもない。むしろ漫画をきっかけに次々と文献を渉猟し、漫画も字の詰まった本も等しく目配りするという人々が、今後も静かな読書を続けていくことだろう。

3　多喜二の遺体を囲む悲嘆に暮れる女優の原泉が詩人・小説家の中野重治の姿のある写真が残されている。

4　「まんがで読破シリーズ」は名著のエッセンスを漫画化したシリーズ。２００７年にイースト・プレスから太宰治『人間失格』が出て以来、文学、哲学、政治、経済、宗教などの名著が次々に漫画化されベストセラーとなる。累計既刊１３９点、累計販売部数３９０万部超、17カ国語に翻訳された（２０２３年４月時点）。２０２１年以降、電子書籍版はTeamバンミカスからAmazon Kindleで配信中。紙版はイースト・プレス扱い。

『灰都と緑園 ― 水面と英国スクリーン・アート観想』◉目次

第六章　映画化された古典を観る

第七章　物語への郷愁

一九七〇年代から二十一世紀の作品群

第八章　緑という言語

＊本稿で取り上げた映画やドラマを示すメディアパッケージ資料は特記のない限りimdb.comから引用。

第一章　緑色と灰色

緑のメタフィクション—『つぐない』［小説家となった妹］

本書では映画などスクリーン・アート（視覚芸術）の作中人物の職業に注意を払う。映画のタイトルのあとに書き込んだ［モデル、写真家］といった表現は、主要人物の職業、仕事を示すものだ。イギリスの作家イアン・マッキューアン原作『贖罪』の映画化作品『つぐない』[1]で、ヒロインのセシーリアは屋敷の図書室で主人公ロビーの抱擁を受けるとき、緑色のドレスを纏っている。

その日の屋敷での会食に備えての衣装で、ロビーとの図書室の逢瀬を予感してのものではない。たまたま緑だ。しかし、ロビーのその後の過酷な人生を支えたのは、この緑のドレス、そしてドレスに包まれたセシーリアとの再会への願望であった。

その日、ロビーはセシーリアへの飾ることのない、直截な、露骨なまでに表現の極限にまで達した手紙を何度もタイプライターで書き直し、結局、ごく短いメッセージに仕上げると、セシーリアの妹ブライオニーに、それを姉に渡すよう託した。

1　**映画『つぐない』**
原題：*Atonement*
公開：2007年
監督：ジョー・ライト
出演：ジェームズ・マカヴォイ、ヴァネッサ・レッドグレイヴ他
製作国：イギリス・フランス・アメリカ
原作：『贖罪』イアン・マッキューアン著
邦訳：『つぐない』小山太一訳、新潮文庫、2003年

作家志望で好奇心旺盛、想像力過多のブライオニーは、手紙を盗み見る。妹は表現に衝撃を受け、同時に激しい嫉妬心に燃える。妹は自分が池に飛び込んだらロビーが助けてくれるかと、実際に飛び込むほど、ロビーに惹かれていた。そのロビーのなかに自分の姿はなく、姉セシーリアの姿しかなかったと知ったとき、嫉妬心は憎悪へと変わった。

夜、パーティが始まると、屋敷に滞在中の少年ふたりの姿がなく、パーティは中断し、みなが屋敷の周りを探しだす。妹の友人の少女も庭園に出るが、そこで男に襲われ、相手がロビーだと言い始める。警察が来て、ロビーは連行される。これが姉を愛したロビーへの妹の行った復讐だった。ロビーはそこから灰色の世界に入る。

時は第二次大戦中。ロビーには五年の刑期が課せられた。兵役につけば期間は短縮される。ロビーは志願し、大陸に渡る。ドイツ軍が背後に迫る。海岸線を目指すが撤退の道のりはいつはてるともなく続く。ダンケルク[2]に着く。イギリスに連れ帰ってくれる船を待つ。

ここからは映画の作り方の話になる。映画そのもののからくりが、その映画の内容そのものを問題にするというメタフィクションの世界に入っていく。実は『つぐない』という映画は、『つぐない』

2　ダンケルクは近いところではクリストファー・ノーラン監督の『ダンケルク』（２０１７）、すこし昔の話ではジャン・ポール・ベルモントの『ダンケルク』（１９６４）と、イギリス映画から消え去ることのない土地だ。描き方も多様だが、どれも真実の断片は伝えているのだろう。日本でも放映されたビッグ・モロー主演のテレビドラマ『コンバット!』（１９６２―１９６７）はそれから4年後の、ノルマンディー上陸作戦の後のフランスを舞台とする作品だ。三人の兄が亡くなりただ一人生き残った四男を救う使命を帯びたトム・ハンクス主演の映画『プライベート・ライアン』（１９９８）も同じ時期の同じ土地を舞台としている。

という小説を書いた作家がある文芸番組に出演し、自作について語るという体裁になっている。その作家こそ、これまでの説明に登場した妹の晩年の姿で、かの女は姉とロビーにした行為の「つぐない」を作品にしたのだという（以下脚注、結末の記述あり注意）。[3]

ヴァネッサ・レッドグレイヴという大女優がこの役を演じる。かの女が書いた小説の結末は、姉セシーリアとロビーがかねてから暮したいと望んでいた海辺の家で、ロビーの帰還後に幸福に暮らしたというものだった。そしてさらにひと押し、かの女はインタヴュアーに重大な告白を行う。小説の読者は作中人物の幸福を願う、だからそうした、実際はそうではなかったと。それを晩年、筆を折る段階になって告白し、私は「つぐない」たいと。

セシーリアを演じたキーラ・ナイトレイが元女優役で出演し、[4]フィクションとそうでないものとの間で惑う『ロンドン・ブルバード LAST BODYGUARD』[5]という深刻な作品もある。かの女はロンドンの街を飾る広告ポスターにもなっているが、数々の苦労のはて、今は家にこもり、パパラッチがいつも家のまわりにいる。作品の主人公ハリーがボディー・ガードとしてこの家に入るが、か

3　現実は、ロビーはダンケルクで船を待つ間に過労から死亡した。セシーリアは空襲の夜地下鉄駅に避難していたが、事故で水が地下鉄構内に入り溺死した。二人とも緑とは無縁の黒とも灰色ともつかぬ世界で亡くなった。

4　キーラ・ナイトレイ主演作品で一番安心して観ることのできる作品は、ジェイン・オースティンの小説を映画にした『高慢と偏見』（２００５）であろう。考えて見れば約二百年も昔の作品だ。同じくかの女がアーサー王の妻となるギウネヴィア役として登場する歴史もの『キング・アーサー』（２００４）は時代的に『ベイオウルフ』や『カンタベリー物語』より前の話になる。

れは組織の誘いを断り、つねに危険にさらされる。二人の接近は視聴者の想定のうちとは言え、結末はそれをはるかに越える。

フィルムと灰色 ――『欲望』〔モデル、写真家〕

ヴァネッサ・レッドグレイヴの若い頃の作品を観ておこう。『Blow-Up』[6]の邦訳タイトルは『欲望』で実も蓋もないが、ストーリーは不条理の世界を描き、作品の冒頭で仕掛けられた謎は回収されぬまま終わる。作品中にはロンドンの一九六〇年代のポップ・カルチャーが横溢している。監督はイタリア人ミケランジェロ・アントニオーニ（１９１２―２００７）。イタリアというイギリスの外と世界の人だからこそ、ロンドンの当時の面白さを撮りつくすことができたとも言える。ＤＶＤの特典映像は雑誌をめくるかのようだ。

売れっ子の写真家トーマス（デイヴィッド・ヘミングス）が複数のモデルを相手に写真を撮りまくり、

5 映画『ロンドン・ブルバード LAST BODYGUARD』
原題：*London Boulevard*
公開：2010年
監督：ミウィリアム・モナハン
出演：コリン・ファレル、キーラ・ナイトレイ他
製作国：イギリス・アメリカ

6 映画『欲望』
原題：*Blow-Up*
公開：1966年
監督：ミケランジェロ・アントニオーニ
出演：デイヴィッド・ヘミングス、ヴァネッサ・レッドグレイヴ他
製作国：イギリス・イタリア・アメリカ

飽きては表に出て、骨董屋（イギリスでは身近な場所）を覗いたり、公園を散策する。モデル志願の女性も後を絶たない。そんなトーマスが公園で男性と女性の抱擁を目にし、シャッターを押す。すると若き日のヴァネッサ・レッドグレイヴがおいかけてきて、フィルムを返してほしいという。事情がありそうな設定だ。トーマスは偽のフィルムを渡す。フィルムを現像し、でき上がった作品を拡大鏡で分析する。と、女性と抱き合っていた男性が公園の草の上に倒れている。しかもさらに見ると、見知らぬ男が脇から銃で狙いを定めているという姿まで写真に撮れている。

ヴァネッサ・レッドグレイヴは歳若で後年、映画『ダロウェイ夫人』[7]（1997）で国会議員の妻を演じたときの貫禄のあるかの女とは違う。後年の落ち着きはひとつの芸の到達点ながら、『欲望』の演技にはフィルムを取り返そうと写真家のアトリエを訪ねる若年の切迫感がうまく出ている。『欲望』の原作は日本語で読むことができる。霊感を与えたのは『悪魔の涎』という短編小説で、舞台はパリ、写真家が街で男女を撮り、現像し、できあがった作品を眺め、いろいろと気づくという話だ。原作者はアルゼンチンの作家フリオ・コルタサル[8]（1914―1984）で活躍の場はパリだった。『石蹴り遊び』（集英社文庫）という代表作がある。最初から読んでもよい、作者指定の番号に従って読んでもよい、読者が気の向くままに読んでもよいという鷹揚な作品で、読者自身も物語の構築

7　138頁参照。
8　22頁からの「ラテン・アメリカ文学素描」参照。

に貢献しうるかたちになっている。しまいには読者のなかに小説を書きたいという欲求も植え付ける。デジタルカメラもなかった時代、写真家がどのように写真を撮り、それを並べ、凝視し、何を考えるのかというプロセスが表現されている。

ヴァネッサ演じる女性はついに写真家のスタジオをつきとめ、ネガを返せと迫る。服を脱ごうとさえする。写真家は偽物を渡し、女性を返す。不条理というと月並みだが、一九六〇年代のストーリーの作り方として、ものごとはわからない、という前提があったようだ。

モノクロの画像は作品に抽象性を付与する。当時の写真家とモデルたちの世界を一概に灰色と言い切ることはできない。白黒がはっきりつかない未明の灰色の提示の仕方、わからないことはわからないが、そのわからなさの示し方のいわば表現の仕方に個性と時代がにじむ。ここまではわかる、ここから先はわからないと、両者の区別とその提示の仕方が映画によって異なる。クリストファー・ノーラン（1970―）の監督作品[9]などにふれているとそう思えてくる。

9　クリストファー・ノーランのフィロモロジーを確認しておく。『フォロウィング』（1988）、記憶が続かぬ男を描く『メメント』（2000）、睡眠不足に襲われる男の物語『インソムニア』（2002）。ここでは主演がアル・パッチーノ、そして『ミリオン・ダラー・ベイビー』のヒラリー・スワンクも登場する。ノーランはさらに『バッドマン ビギンズ』（2005）、『プレステージ』（2006）、『ダークナイト』（2008）を出す。そして渡辺謙の登場する『インセプション』（2010）で観る者は煙にまかれ、そのあと『ダークナイト ライジング』（2012）。とどめは『インターステラー』（2014）、『ダンケルク』（2017）、そして『テネット』（2020）だろう。『テネット』でも悪役だが必要不可欠の男をブラナーが演じる。

真実がそろう時 ——『秘密と嘘』[検眼師]

街で写真館を営む写真家、そして検眼師も見ておこう。ともに〝目〟が関わる仕事だ。

マイク・リー監督『秘密と嘘』[10]は、冒頭で投げかけられた秘密や嘘が回収されるという風にあらすじをたどる観方も可能だが、家族一人ひとりに注目すれば、それぞれが背負っている問題は深刻で割り切ることができない。自分が七歳のときに養子であることを告げられた経験を持つホーテンスは、育ての母親の死をきっかけに生みの母を探そうとする。ホーテンスは黒人、実の母シンシアは白人で、十六歳の時にホーテンスを生み、今は別の娘ロクサンヌと暮らすがいさかいが絶えない。シンシアは昼間は工場で働き、弟の写真家モーリスを精神的に頼る。自分の写真館でモーリスが撮影する人々を通して、視聴者は人間の多様性、職業の多様性を垣間見る。ロクサンヌは大学に入ったものの通うのをやめ、道路の清掃をして生活をしている。ホーテンスは大学に行き、専門的な仕事につき、休日は本を読む。

真実がいつ明らかになるのかが視聴者の関心だが、みなが揃うロクサンヌの誕生日までそれは引き延ばされる。屋外の場面は少なく、どこにでもありそうな家を舞台とし俳優の演技だけがたよりという作品で、筋は予想できるものの、だれがどこで何を言うかは予想を越えている。それでいて人物たちのことばを聴くと、それ以外は考えられぬほど磨き込まれた台詞と演技だとわかる。日常のことばのままで突き詰めた表現になっている。

緑の抵抗 ―『ピータールー：マンチェスターの悲劇』〔帰還兵〕

戦争を扱う作品の舞台は灰色が主流だが、ときには画面一面に緑が広がる。同じくマイク・リー監督の『ピータールー：マンチェスターの悲劇』[11]の帰還兵はナポレオン戦争からイギリスのマンチェスターに、緑のなかを抜け母親の住む家に戻ってくる。

戦後の経済の破綻から一家の生活は苦しくなるばかり。近隣の労働者たちもみな生活は苦しい。そこでマンチェスターのセント・ピーターズ広場で、選挙権を求める演説会が計画され、当時著名な活動家ヘンリー・ハントを招くという段取りになる。近隣の労働者たちは、武器を持たぬ平和的な行進の訓練に励み、緑の野を進む。前半は労働者たちの窮状、中盤から後半は演説会を阻止しよ

10　**映画『秘密と嘘』**
原題：*Secrets & Lies*
公開：1996年
監督・脚本：マイク・リー
出演：ブレンダ・ブレッシン他
製作国：イギリス

11　**映画『ピータールー：マンチェスターの悲劇』**
原題：*Peterloo*
公開：2018年
監督・脚本：マイク・リー
出演：ロリー・キニア他
製作国：イギリス

うとする治安判事たちの画策に焦点が移る。ひとつの国としてまとまっているというかたちとはほど遠い、階級間の対立が激しくぶつかりあう状況があるのみ。聴衆を蹴散らすため、広場に騎兵隊が雪崩れ込み、ワーテルローで命を永らえた帰還兵にサーベルが振り下ろされる。

ラテン・アメリカ文学素描

『悪魔の涎』のフリオ・コルタサルにちなんで、ラテン・アメリカ文学の状況を確認すると、一九六〇年代から一九八〇年代までにさまざまな優れた作家が世に出た。コルタサルと同様に短編の名手で詩人のホルヘ・ルイス・ボルヘス（1899―1986）、その友人のアドルフォ・ビオイ＝カサーレス（1914―1999）。カサーレスの妻のシルヴナ・オカンポ[12]（1903―1993）。『失われた足跡』のアレッホ・カルペンティエール（1904―1980）、『百年の孤独』や『戒厳令下チリ潜入記：ある映画監督の冒険』のガブリエル・ガルシア＝マルケス（1927―2014）、『夜のみだらな鳥』のホセ・ドノソ（1924―1996）、『大統領閣下』のカルロス・フエンテス（1928―2012）、『緑の家』のマリオ・ヴァルガス＝リョサ（1936―）、『蜘蛛女のキス』のマヌエル・プイグ（1932―1990）といった作家だ。

12　ボルヘスと夫の影に隠れるかのようでいながらイタリアの作家イタロ・カルヴィーノに「日常儀礼の内側に存在する魔法や、鏡には映らない禁断の顔、秘密の顔をこれほど見事に捉えた作家は、他に誰も思いつかない」と言わしめた。2021年に『復讐の女／招かれた女たち』（幻戯書房）という翻訳が出たことで、輪郭がはっきりした。

『蜘蛛女のキス』とは変わったタイトルだが、その日本でのひとつの受容に関するエピソードが興味深い。集英社文庫[13]の訳者野谷文昭が若い編集者の弁として引いている話だ。自分の通っていた女子高のクラスでこの作品が回し読みされ、読んだ生徒たちはモリーナのいじらしさと哀れさに涙したという。映画化[14]もされ、ロンドンでは舞台にもなった。七〇年代から八〇年代にかけて、こうした作家たちの作品の翻訳が格段に進み、著者の年代の文学愛好家は現代企画室や集英社のラテン・アメリカ作品の文学全集を読み耽った。

ラテン・アメリカと読書のユートピア

英文学関係の下手な論文の数を増やしていかなければならないかとため息をついていた時期も重なり、当時読んだラテン・アメリカの文学は論じることとは無縁のユートピア的読書対象となった。英文学の特徴もそれによって知ることができた。ディケンズにしてもオースティンにしても、そう

13 『蜘蛛女のキス』（マヌエル・プイグ著、野谷文昭訳、集英社文庫改訂新版）「訳者あとがき」。

14 映画『蜘蛛女のキス』
原題：*Kiss of the Spider Woman*
公開：1985年
監督：エクトール・バベンコ
出演：ウィリアム・ハート、ラウル・ジュリア他
製作国：アメリカ、ブラジル

いう世界だなと見当をつけられるまでにずいぶんと時間がかかる。カフカ（1883—1924）やドストエフスキー（1821—1881）のように、あるいはラテン・アメリカ文学の作家たちのように、なんの準備もなく読んでもかなりのところまでわかるというところが英文学にはないとも知った。

集英社の「ラテンアメリカの文学」叢書[15]には不思議なことにトリニダード島出身のインド系作家V・S・ナイポール[16]が入っていない。しかし、英文学とラテン・アメリカ文学を読み進むうちに、その事情を肌で感じるようになった。ナイポールはその出自とは裏腹にあまりにイギリス文学に近かった。十八歳まで高校では英語で教育を受け、奨学金を得て、オックスフォードに学び、その後、BBCでカリブ海向けのラジオ番組の原稿を書いていたナイポールはしばしば模倣者として揶揄さ

15 集英社より1983—84年に刊行されたラテン・アメリカ文学の叢書。全18巻。1994—95年に10巻が文庫化。『族長の秋』（ガルシア＝マルケス）、『豚の戦記』（ビオイ＝カサレス）、『失われた足跡』（カルペンティエル）、『老いぼれグリンゴ』（フエンテス）、『三つのブルジョワ物語』（ドノソ）、『赤い唇』（プイグ）、『石蹴り遊び　上・下』（コルタサル）、『はかない人生』（オネッティ）、『ラテンアメリカ五人集』（リョサ、パチェーコ、アストゥリアス、オクタビオ・パス、オカンポ）、『砂の本』（ボルヘス）。このほか国書刊行会、現代企画室、松籟社からも全集が出ている。

16 V・Sナイポール（1932—2018、Vidiadhar Surajprasad Naipaul）。旧英領、現在のトリニダード・トバゴのトリニダード島でインド系住民三世として生まれる。『ビスワス氏の家』、『模倣者たち』、『到着の謎』、『ある放浪者の半生』、『魔法の種』といった小説に加え、『中間航路』、インドもの三作、イスラム世界を描いた二作、『アフリカの仮面』など、数々の紀行を発表した。その英語は一見平易ながら、作家の主張の通り、平易な英語で難しいことを表現するという類の英語で、読者を異なる時空に容易に運んでいく。2001年のノーベル文学賞受賞作家。

『ラテンアメリカの文学
族長の秋』
ガブリエル・ガルシア＝マルケス著、鼓 直訳、集英社文庫版、2011。

れた。イギリス人以上にイギリス的であると。もっともかれの書簡集を読むと、ジェイン・オースティンは読めないと書き、作家アンソニー・ポーエル（1905―2000）とも決別しているから、単なる模倣者ではなく、『ビスワス氏の家』[17]を世に出したころにはイギリス文学の気配を残しつつもオリジナリティの高い作品を書いて独立を果たした。『模倣者たち』[18]などは、イギリス人の模倣をするようでいながら実はそれを見事にずらしている主人公を描くことに成功した。[19]

長編を書く、長編を読む

ガルシア＝マルケス（1928―2014）の記憶は『父ガルシア＝マルケスの思い出』（中央公論社、2021）の出版に至り、今もなお続いている。なかでも長編を書ける年齢について相手が息子ならではと語る父ガルシア＝マルケスのことばは重い。

17　『ビスワス氏の家』（1961年、未邦訳）。原題：*A House for Mr Biswas*　ナイポールが自分の父親をモデルにして書いた自伝的小説。舞台はトリニダード島。

18　『模倣者たち』（1967、未邦訳）、原題：*The Mimic Men*　ナイポールの代表作のひとつ。トリニダード島を舞台とする作品を離れ、ロンドンに移ってきた人々の生活を描いた、カリブ海の架空の小国イザベラの外交官の回想録。主人公シンは若いころロンドンの安下宿に住み込み、そこで初めて見る雪に感動する。その後さまざまな紆余曲折を経て、政治と距離をおき、ロンドンのホテルに住み込むようになる。

19　日本で観ることのできるナイポールの作品の映画は『神秘な指圧師』として訳されている初期の作品が挙げられるのみだ。『神秘の指圧師』については、第七章166頁参照。

「もうだいぶ前だが、作家の生涯には、もうこれ以上長編小説が書けないというときが来る、と聞かされたことがあった。頭がもう巨大な建築物を支えたり、危うさに満ちた長い小説の道のりをうまくたどったりできなくなる、という。たしかにそうなんだ。今まさにそう感じる。だからこれからはもっと短い作品になる」(10頁)。

作家というものはしばしば書くことそのものについて語る。しかし書き方を指導する書き物はえてして面白みに欠ける。その点、ガルシア＝マルケスのことばは、どうしたら書けるか、どうして書き始めたかではなく、いつまで書けるかを語っているところに意味がある。書くことの始めは気がついてみたら書いていたということが多々あるはずだが、絶筆については、それが作家にとって未踏の境地であるだけに、あまり語られている文章を見かけない。まして、ラテン・アメリカの文学から少し距離があるが、フランスの作家アニー・エルノー(1940—)の次のことばも、書き方の問題ではない点で、どこかガルシア＝マルケスのことばに通じるものがある。

「私は以前からずっと、書いたものが出版されるときには自分はもはやこの世に存在しないという前提で書きたいと思っていた。あたかも自分は死ぬと決まっているかのように、誰にどう思われようと自分にはもはや関係がないかのように書きたい、と。真実が死を引き換えにしか立ち現われ得ないと思うのは、おそらく錯覚なのだろうけれども」（『嫉妬・事件』9頁。アニー・エルノー著、堀茂樹・菊池よしみ訳、ハヤカワepi文庫、2022）

さらに当時の日本では旧ソ連時代の文芸学者ミハイル・バフチン（1895—1975）の『ドストエフスキー論——創作方法の諸問題』[20]や新時代社のバフチンの作品集[21]なども出て、今世紀の文学離れ、本離れの状況など夢にも思わなかった時代がしばらく続いた。バフチンの著作の訳者で当時、早稲田大学の教授だった新谷敬三郎に大熊講堂近くまで会いに行くと、「もう、長いものを授業で扱うことはできないから、学生とは抒情詩を読んでいる」というお話だった。作家ガルシア＝マルケスの長編を巡る言説に触れたとき、真っ先に思い出したのはこのドストエフスキーやバフチン紹介者のことばだった。

20　『ドストエフスキー論——創作方法の諸問題』（新谷敬三郎訳、冬樹社、1968）。直近では『ドストエフスキーの創作の問題—付：より大胆に可能性を利用せよ』（桑野隆訳、平凡社ライブラリー、2013）がある。

21　『ミハイル・バフチン著作集　全8巻　1 フロイト主義／2 作者と主人公／3 文芸学の形式的方法／4 言語と文化の記号論／5 小説の言葉／6 小説の時空間／7 叙事詩と小説／8 ことば 対話 テキスト』（磯谷孝・斎藤俊雄訳、新時代社、1979—1988）。直近では水声社から『ミハイル・バフチン全著作』も出ている。

中心と周縁の作家

英語圏以外の作家でひとつ興味深い点がある。たとえばイタロ・カルヴィーノ（1923―1985）。そもそもヨーロッパの中心にローマがあり、かれの生まれたトリノもかつての帝国にあるのだから、外の世界に目を向ける必要もなく自分の土地を掘り下げて行けばよいように思うが、そういうものでもなさそうだ。『アメリカ講義』[22]という作品がそれを語っている。ウラジミール・ナボコフ[23]という人はアメリカに亡命したわけだから、これはわかりやすい。そこで大学で教えることになり、反対に『ヨーロッパ文学講義』[24]というヨーロッパ文学の本を書くことになる。ボルヘスはアルゼンチンの大学で英文学を講じていた。マニュエル・プイグはベルギーに生まれ、アルゼンチンに移り、後半の人生のほとんどをパリで過ごした。『石蹴り遊び』の舞台もパリだ。

V・S・ナイポールにいたってはトリニダードを「大西洋の点」と形容し、ニューヨークに一泊し、オックスフォード大学に留学の末、ロンドンでデヴューし、『到着の謎』[25]に描き出されている

22 『カルヴィーノ　アメリカ講義――新たな千年紀のための六つのメモ』（米川良夫・和田忠彦訳、岩波文庫、2011年）。

23 ウラジーミル・ナボコフ（Vladimir Vladimirovich Nabokov, 1899―1977年）。帝政ロシアに生まれ革命で欧州、米国に渡り活躍した文学者・詩人、蝶の研究者。1955年、英語で書かれた『ロリータ』で世界的に著名となる。

24 1982年、TBSブリタニカ。直近では『ナボコフの文学講義 上・下』（河出文庫、2013年）が出ている。

25 原題：*The Enigma of Arrival*, 1987年（未邦訳）。イギリスの暮らしに憧れ、ウィルトシャーのコテージに身を落ち着けた作家の分身が、身辺を語るという趣向の小説。たいした事件も起こらぬなか、自然描写が延々と続く。

ようなイングランド南西部に腰を据え、時々、ロンドンのストランド街あたりの古書店で本を売り、『サー・ヴィディアの影』の著者ポール・セロー[26]あたりに食事をおごらせて、また自宅にもどる。もっともこれはイングランドの生活を拾い出すとそうなるというだけで、その合間に、アフリカ、インド、イスラム諸国などの地で大きな旅を何度も繰り返していた。だからそうした旅の合間にイングランドやトリニダードの家にいたと書くほうが正確かもしれない。

自分の土地から離れることをよしとした作家がいる。アントニオ・タブッキ[27]（1943―2012）。イタリア人ながらポルトガルの詩人フェルナンド・ペソア[28]を発見の末、魔法にかかったかのようにポルトガルに惹かれ、リスボンで他界する。そのペソアはというと、成人して生涯リスボンを離れず、リスボンの地で思索し、ものを書いていたのだが、実は母と義理の父に連れられて、南アフリカで十代を過ごした経験がある。その地で英語による教育を受け、しかし、幼くして離れたリスボンは常にかれの頭のなかにあった。そしてリスボン大学に入学し、中退はしたものの、リスボンこそが若き日の旅の目的地、そして残りの生涯に身をおこうと決めた場所であった。

26 ポール・セロー（Paul Edward Theroux、1941年―）。アメリカの小説家。若き日にケニアでナイポールと出逢い、その謦咳に触れる。「仕事をしろ」とひとこと言われ発奮。ナイポールの元を離れやがて『鉄道大バザール』（邦訳は講談社文芸文庫、2012年）を書く。このあたりの事情はセローによるナイポール伝『サー・ヴィディアの影』（原題：*Sir Vidia's Shadow: A Friendship Across Five Continents*, 1988 未邦訳）に詳しく、その交友録は小説より面白い。

27 アントニオ・タブッキ（1943―2012）。イタリアの作家。シエナ大学でポルトガル文学を教授。小説に『インド夜想曲』などがある。

28 フェルナンド・アントニオ・ノゲイラ・ペソア（Fernando António Nogueira Pessoa, 1888―1935）。ポルトガルの著名な詩人、作家。

旅と救いの場

この問題は人はどこにいれば救われるのかという問につながる。あるいは場所というものを外して、どうすれば人は救われるのかというアントニオ・タブッキの問い。

この点についてはフェリーニ[29]の映画『甘い生活』[30]へのタブッキの印象から始める必要がある。アニタ・エグバーグ（1931―2015）とマルチェロ・マストロヤンニ（1924―1996）のトレビの泉のシーンなどで知られている。細部を思い出すために植草甚一[31]による詳細な分析から入る。

植草は『シネマディクトJの映画散歩　イタリア／イギリス編』でアントニオーニ、パゾリーニ、フェリーニの名を挙げ、かれらの代表作をつぶさに論じる。そのひとつにフェリーニの『甘い生活』

29 フェデリコ・フェリーニ（1920―1993）。イタリアの映画監督、脚本家。

30 1960年、イタリア映画。ローマの女性好きのタブロイド紙記者の1週間を綴るドラマ。ヘリコプターがキリストの像を下に吊るし、サン・マルコ広場に向かう場面、金持ちの娘マッダレーナ（アヌーク・エーメ［1932―］）とマルチェロが車でナイト・クラブから抜け出す場面などが続く。アニタ・エグバーグが「そのまま」ハリウッド女優としてローマの飛行場のタラップから降り、ホテルでインタビューを受け、郊外のナイト・クラブではめをはずす。しまいに不機嫌になると、マルチェロが誘い出し、街で子猫を拾ったり、マルチェロに牛乳を探させたり、挙句のはてにトレビの泉に入る。

31 植草甚一（1908―1979）。文学、ジャズ、映画評論家。『シネマディクトJの映画散歩　イタリア／イギリス編』（2005年、晶文社）。

映画『甘い生活』
原題：*La dolce vita*
公開：1960年
監督・脚本：フェデリコ・フェリーニ
出演：マルチェロ・マストロヤンニ、アニタ・エグバーグほか
製作国：イタリア、フランス

があり、これを小説のように観る。場面をシークェンスと呼び、番号をつけ、小説の「章」と見なす。植草はこれらのシークェンスを綿密に追い、自らの感情を込めることはない。そして面白いことに、この作品は断片を集めているようでいながら、どれひとつとして欠かすことができず、「早送り」をしたら何がなんだかわからなくなるという。

他方、タブッキは『甘い生活』から深い衝撃を受けたという。この作品のなかでだれひとりとして救われていないとタブッキは言う。[32] 植草甚一の分析だけでは漠然とした問題がタブッキの指摘で忽然と現れる。本書の水というテーマに照らしてみても、トレビの泉は水そのもの、聖母を見たという子供たちの話に狂乱を演じる大人たち。その上から突然降り注ぐのは豪雨という水。

救われぬ人々を多数目にしたタブッキはそこでどうしたのであろうか。その答えがかれの作品の総体だと言うのはたやすい。小説を書き続けるという行為だと付け加えても、まだ足りない。ひとりの作家が救われる姿を確認するにはかれの作品をクロノロジカルに読み解いていくほかない。『吾輩は猫である』（１９０５）からはじめ『明暗』（１９１６）に至るまでの夏目漱石の旅が、「救済」を求めての旅だという視点から作品を読む。大学で教えることによって、『文学論』を書くことによって漱石は救われなかった。ひとつの運動体としての小説を書くことによって、「救済」を求めての旅を続けることができた。V・S・ナイポールも同じだ。トリニダードにはじまり、イングランド

32　『タブッキをめぐる九つの断章』（和田忠彦著、共和国、２０１６年）88―89頁。

の生活を『到着の謎』で描く。それからアフリカやイスラム諸国を克明に描く。そのようにしてまがりなりにもことばを通して表現というものに至り、その都度、納得することで一時の「救済」を経験し、すぐに次の認識という「救済」を求めての旅に向かう。

庭園を造る――『シェイクスピアの庭』［劇作家］

近代英語から始める英文学史の冒頭あたりに出てくるシェイクスピアは、その後の英文学に大きな影響を与えているので、本書でも早い段階で触れておく。

シェイクスピアの作品ではなく、シェイクスピアの生涯を扱った映画『シェイクスピアの庭』[33]は、同じ伝記ものでもギネス・パルトロー（1972―）の出ている映画『恋におちたシェイクスピア』（1998）のように、ロンドン時代のことでも、若い時のことでもない。

シェイクスピアはロンドンに約二十年ばかり単身赴任をしていた。シェイクスピアの芝居のかかったグローブ座[34]が火事で

34　ロンドンのテムズ川の南のグローブ座周辺は緑が乏しかったのかはわからない。ロマン・ポランスキー（1933―）の『マクベス』（1971）のダンシネインの森の動く場面で、緑らしきものが使われていたかもしれない。ただ、コンラッドの『闇の奥』（1902）で語り手マーローウがテムズ川に浮かぶ船の上で、ここもローマの時代には鬱蒼とした森の地だったと語るところは面白い。

33　映画『シェイクスピアの庭』
原題：*All Is True*　公開：2018年
監督：ケネス・ブラナー
出演：ケネス・ブラナー、ジュディ・デンチほか
製作国：イギリス

焼け、故郷に帰った後を描いたのが『シェイクスピアの庭』だ。ロンドンでは多くの芝居を書き、役者や芝居に関わる人々の生活を支えた。この辺りのことは、世襲の地元議員のからかいに対し毅然とした態度でロンドン生活を要約するシェイクスピアのことばにも表現されている。[35]

　庭というから美しく仕上がるのかと思うと、そこは強調されておらず、ただ、亡き息子をしのんで庭を造るというプロセスに力点がある。息子はシェイクスピアのロンドン滞在中、亡くなる。その経緯が妻役のアン・ハサウェイの説明では納得がゆかぬまま、終盤の次女の告白で明らかになる。その次女も既婚の長女同様に伴侶を見つけ、家族は最後、ひとときの均衡にいたる。

　シェイクスピアをケネス・ブラナー（１９６０―）、妻をジュディ・デンチ（１９３４―）が演じる。これ以上の組み合わせはない。ブラナーはすでに触れたクリストファー・ノーラン監督の『ダンケルク』でダンケルクから撤退するイギリス軍の司令官を演じている。シェイクスピア役を演じてい

35　もう少し大所高所から覚めた目で見た記述がアルゼンチンの詩人ホルヘ・ルイス・ボルヘスの『記憶の図書館　ボルヘス対話集成』（ホルヘ・ルイス・ボルヘス＋オスバルド・フェラーリ著、垂野創一郎訳、国書刊行会、２０２１年）のなかにある。俊秀フェラーリが大家ボルヘスのご高説をうかがうという体裁だ。そのためひとつひとつの区切りが短く、いかに高遠にして深みのある対談といっても、二度、三度読み返すうちに、ボルヘス文学の核心に至ったと読者を思い込ませるようなタイトルがいくつも入っている。本書には、コンラッド（１８５７―１９２４）、メルヴィル（１８１９―１８９１）、ヘンリー・ジェイムズ（１８４３―１９１６）、キプリング（１８６５―１９３９）、ヴァージニア・ウルフ（１８８２―１９４１）、バートランド・ラッセル（１８９８―１９７０）、マーク・トウェイン（１８３５―１９１０）、ジェイムズ・ジョイス（１８８２―１９４１）、W・B・イェイツ（１８６５―１９３９）といった英米の作家、文人が入っているので、英米文学に親しんでいれば、どこからでもボルヘス世界に入ることができる。シェイクスピアの生涯の描きかたも含蓄に富む。またこれら作家の名前からその映画化作品を辿るのも芸術鑑賞の幅を広げる。

る時はメイクアップが濃く、最初はだれかと戸惑う観客もいよう。

シェイクスピアの妻を演じたジュディ・デンチはどうであろうか。この人はもうなんでもありというか、デイム[36]なる称号を持ち、イギリス映画に欠かせない。イギリスのテレビでシットコム[37]に出演していたころから目にしていたが、もう出てくるだけで何かおかしい。出演している映画の数はあまりに多く、どれがどれとも言いようがないものの、著者の記憶に一番残っているのは、イギリスの作家、E・M・フォースターの『眺めのよい部屋』（1908）という作品の映画化（1986）に登場する小説家だ。この映画には、これもイギリス映画では欠かせぬマギー・スミス（1934―）も登場している。

ジュディ・デンチとマギー・スミスが姉妹役で登場するのが、『ラヴェンダーの咲く庭で』（2004）で、予告編を観ると、なんとなく月並みな雰囲気が充満しているのだが、そこは、スミスとデンチ、と割り切って観ると、時間の空費に終わる作品ではないと知る。原題は *Ladies in Lavender* で Garden ということばはないが、「庭」という文字を邦題に入れておけば、日本でもそれだけ視聴者が増えるという意識が働いているのであろうか。花々や木々に海と音楽。美しい青年と緑の世界を体現するに十分な舞台装置。

36 欧州キリスト教国家で王室から叙される栄誉のある称号で、高位の勲位を受勲した女性に使用される。
37 シチュエーション・コメディの略。

緑の庭で過ごす人

『シェイクスピアの庭』も『つぐない』も人の晩年までを射程においているので、子どもが楽しむというつくりではない。その点、映画『ドクター・ドリトル』（２０２０）は動物と話のできる医師が主役という点で、視聴者は人生の喜怒哀楽を経験した高齢者だけでなく、子どもが主役だ。ただし、ドリトル先生は作品冒頭で最愛の妻リリーを失い、失意のうちに動物たちと緑豊かな大庭園で暮らしている。人間嫌いが加速し、動物との日々に唯一の安らぎを求める。そこに猟師の息子という動物を撃つことができぬ闖入者が入り込み、同時に女王の使者という少女が入り込む。少女は病に伏した女王の特効薬となる実の発見をドリトル先生に依頼。人間嫌いのドリトル先生も、女王に何かあれば、今ある大庭園から動物たちともども追い払われるという危機を前に、特効薬の実を発見するための大冒険に出る。始まりは緑の大庭園、終盤近くで灰色の洞窟での受難、そして最後は何色かという見方もできるのがこの作品だ。たしかに医学を学んだエディンバラ大学時代のライバルのブレア医師や、女王の命を狙い国王の座に就こうという人物を見るにつけても、ドリトル先生の人間嫌いに理解がおよぶものの、動物たちとひとり隠棲していても問題の解決にはならない。つまり救われない。

『シェイクスピアの庭』が老いた劇作家の庭であるのに対し、映画『秘密の花園』[38]（1993）は少女、少年たちの庭だ。すべてそうなるであろうという筋で進み、予想外の事件は起きないものの、どういうわけかいつまでも記憶から離れないのは、大人たちがこうであったらと思うように子どもたちが動いているからかもしれない。

『秘密の花園』は緑ばかりでなく春になると花が咲き乱れる庭園が舞台だが、そこに主人公たちが入って行く経緯については少しばかり説明がいる。十歳のメアリー・レノックスはインドで何不自由なく育った少女だが、両親は社交好きで、話相手、遊び相手にめぐまれなかった。突然、両親が亡くなり、イギリスに戻り、母の双子の姉妹の夫の邸宅に引き取られる。この伯父クレイヴンもメアリーの伯母である妻を亡くしており、失意のうちに引きこもった生活をしている。邸宅に引き取られたメアリーの冒険が始まり、女中頭とぶつかる。やがてこまどりに誘われて庭園の存在を知り、以前見つけた鍵を持って、庭園に入る。メイドの弟の少年ディコンや伯父の息子、つまりメアリーにとっての従弟コリンと三人で、庭園の緑を満喫する。病気がちのコリンは二人の助けで部屋から表に出ることの解放感を味わう。そして伯父にも変化が生じる。

38　映画『秘密の花園』

原題：*The Secret Garden*
公開：1993年
原作：フランシス・ホジソン『秘密の花園』（1911年）
監督：アニエスカ・ホランド
出演：ケイト・メイバリー、ヘイドン・プラウスほか
製作国：アメリカ

一方、ウィリアム・ゴールディング（1911―1993）の小説『蝿の王』（1954）の子どもたちは『シークレット・ガーデン』の三人に近い年齢ではあるが、男子ばかりで、緑があっても話がうまく終わらない。少年たちは初め、漂着した島を楽園と思いこむが、やがてこの緑の地を舞台に二手にわかれて、狩猟派のジャックたちはラーフたち相手方を葬り去ろうとする。火の手が上がり、軍艦からそれを見た海軍兵士たちが上陸し、ラーフは命拾いをする。緑だけでは人は野生化する。文化という野生化防止の装置を習得する以前に緑のなかに放り込まれた少年たちの物語だ。

庭と関わりたいという願望は、どこの国も変わらない。庭の緑でひと時を過ごさないと、灰色の世界に戻れない。

画家たちの緑

イギリス映画渉猟の過程では時に灰色の世界に圧倒されることがある。そこでもうすこし緑の世界に触れておくとしよう。画家たちの緑でしばし目を休ませてから、緑の世界、灰色の世界、また緑も灰色もない世界を見ておく。

ニコラス・ヒリヤード（1547頃―1619）の緑はミニアチュール[39]の中の緑。それは衣装であったり、背景の草木であったり。

39　古代、中世の写本、工芸品等に描かれた細密な挿絵画。

ウィリアム・ホガース（１９６７—１７６４）は「ビール街」に見られるように、ロンドンという都会を描いた。都会であるから緑に乏しい。とくに「ジン横丁」の中に描かれた人々は、田園には似つかわしくなく緑にも合わない。

ジョン・エヴァレット・ミレー（１８２９—１８９６）ではシェイクスピアの『ハムレット』に着想を得た「オフィーリア」の緑が印象的だ。その緑は、コンスタブル、ゲインズボロのように地上の草木の緑ではなく、水のなかの緑だ。その緑がオフィーリアにまとわりつき、今は浮いているかの女をやがて水底に沈めてしまうであろう。地上の草木から水底の闇に向かう死への衝動は、映画『めぐりあう時間たち』（２００２）の冒頭場面につながる。ニコル・キッドマン演じるヴァージニア・ウルフは作品の冒頭で、家を飛び出し、花柄のワンピースの両脇のポケットに石を詰め込み、ウーズ川の泥の水底の身を沈める。やりきれないシーンだ。

Ｊ・Ｍ・Ｗ・ターナー（１７７５—１８５１）の緑についてはあまり聞かない。テムズ川の近く、コヴェント・ガーデンのローズ・

ニコラス・ヒリヤードによるミニアチュール、
「第９代ノーサンバーランド伯爵ヘンリー・パーシー」
(Henry Percy, 9th Earl of Northumberland)
1590年 - 1595年

「オフィーリア」
ジョン・エヴァレット・ミレー
1852年
テート・ブリテン収蔵

ストリートの理髪店に生まれたターナーは、ある意味でロンドンの灰色の世界に生をうけた。[40] 大陸にわたり、ヨーロッパ絵画を学んだあと、帰国後に描いたのはイタリアで目にしたヴェニスの水の光景などがかなりを占めた。それが異国イタリアに憧憬を抱くイギリスの住人に歓迎された。霧、雨、光、そして疾駆する蒸気機関車、さらに引退を前に曳航される戦艦などは緑からは距離のある画題だった。

ジョン・コンスタブル（1776—1837）の絵画を見ると、いかにもイギリス的と思いがちだが、この画家の成し遂げたことはかなり斬新であった。日本にいるとイギリス絵画は風景画と肖像画のふたつの大きな流れで動いているような気がするが、イギリスでは次のような階層があるという。まず歴史画。戴冠の場面であったり、戦争の場面であったりする。

次が肖像画。ロンドンのチャリング・クロス・ロードにはナショナル・ポートレート・ギャラリー（国立肖像画美術館）という施設があり、歴史上の重要人物の肖像画をひとり一枚掲げている。ヘンリー八世もいれば、サッチャー元首相もいれば、俳優のヒュー・グラントもいれば、小説家のヴァージニア・ウル

40　ターナーの生涯を描いた映画が参考になる。

40　映画『ターナー、光に愛を求めて』
原題：*Mr. Turner*
公開：2014年
監督・脚本：マイク・リー
出演：ティモシー・スポール、ドロシー・アトキンソンほか
製作国：イギリス、ドイツ、フランス

フもいる。次がジャンル絵画。その下にやっと風景画がくる。ここにコンスタブルやターナーの作品がある。そして最後に静物画となる。だからコンスタブルの当時にあっては、風景画の価値は下のほうに位置していたことになる。そこを中心に絵を残したという点でコンスタブルは新しかった。肖像画美術館の緑は主として、レイ・ストレイチー[41]のヴァージニア・ウルフのように描かれた著名人たちの着る衣装の緑となる。

ウィリアム・ブレイク（1757―1827）は都会の住人であった。今のソーホー地区の地下鉄トテナム・コート・ロード駅とオックスフォード・ストリートの間あたりに住んでいた。よく知られている『無垢と経験の歌』[42]の色彩はどうだろう。

ウィリアム・モリス（1834―1896）は一見不思議な人と見える。自身は社会主義者を自認していたが、制作する装飾壁紙（テキスタイル）は当時の労働者階級には決して購入できないものだった。中世に立ち返る「中世主義」を主張していたが、壁紙は当時の資本主義社会の根底を支えた中産階級に購入された。もっともデザインされた壁紙は、機械文明と

42　ウィリアム・ブレイクによる『無垢と経験の歌』の「羊飼い」の詩と彩色された挿絵（1787年）。

41　1887―1940年。イギリス、ロンドン生まれの社会運動家。女性参政権、フェミニズム運動を牽引。ブルームズベリーの妹のカリンはヴァージニア・ウルフの弟と結婚。

煤煙におおわれたロンドンの中産階級以上の人々の部屋に緑をもたらしたのはたしかだろう。モリスは灰色の都市に緑の部屋を提供したという構図だ。

壁紙はさまざまな色のものがあるが、特に緑色が落ち着く。[43]ロンドンのケンジントンにヴィクトリア&アルバート博物館という古めかしい建物がある。ここにモリスをテーマとする「ウィリアム・モリスの部屋（モリス・ルーム）」[44]と呼ばれるギャラリーがあり、中に入ると緑に包まれたような気になる。ただし、壁紙は年季の入ったものなので、くすんだ緑という印象だ。それでも、モリスが醸し出そうとした雰囲気の一端はわかる。モリスの緑から、モリスと同時代のダンテ・ゲイブリエル・ロセッティの描く女性[45]の着衣の緑にも連想が飛ぶ。

43　モリスの名は、ローラ・アシュレー（1925—1985）などとともにイギリス的デザインの創始者として言及されることがある。2022年9—12月に東京都府中市美術館で開催された企画展「アーツ・アンド・クラフツとデザイン」では、モリスが近代建築の巨匠フランク・ロイド・ライト（1867—1959）までと結びつけられて語られていた。なお、モリスの自邸は「レッドハウス」という名の記念館としてロンドン郊外で公開されている。

44　ウィリアム・モリスはロセッティ（1828—1882）のモデル、ジェーンと結婚した。ロセッティにはジェーンを描いた『ベアトリスの挨拶』がある（下絵参照）。

緑の上着を着るジェーンを描いた『ベアトリスの挨拶』

ダンテ・ゲイブリエル・ロセッティ
1869年

45　ウィリアム・モリスによるアカンサスの壁紙（1875年）。モスグリーンが際立つ。

オーブリー・ビアズリー（1872―1898）の緑は草木の緑ではない。デザインの世界の緑だ。その作品集のなかには、「イエロー・ブック」ならぬ「グリーン・ブック」が一点。ビアズリーの挿絵とはうらはらに落ち着いた深い緑の世界。

フランシス・ベーコン（1909―1992）は緑よりもまず灰色のイメージに支配された絵を描く。輪郭のぼやけた人物やモノが、見るものを不安に陥れる。それが緑であれば、一般に輪郭がぼやけていても不安に至らないから、色そのものに何か原因があるのだろう。黒い雲や黒ずんだ雨は不安につながり、緑を包む小雨は安心につながる。

ヴァージニア・ウルフの入水を話題にしたとき、水や水底に触れた。ミレーの「オフィーリア」は、鑑賞者の目に緑の水に浮かぶ姿を焼き付けるが、やがて気づく。かの女の行き着くのは暗い水底であると。ウーズ川は小さな川だ。対して、テムズ川やセーヌ川はそこそこの広さはあるものの、水底は見えない。濁っている。

文芸作品と漫画

文芸作品を漫画化するという企画は、「まんがで読破」シリーズ[46]で日本の作品では小林多喜二の

46　2007年からイースト・プレスから刊行された、日本と世界の名作をコミカライズしたシリーズ。作品数は100点以上、累計発行部数50万部を超える。電子書籍は2021年以降、コミカライズを担当したTeamバンミカス（元バラエティ・アートワークス）から配信されている。

『蟹工船』[47]がヒットした例をはじめ、同シリーズの夏目漱石の『こころ』、太宰治の『人間失格』などがある。アメリカ文学ではヘンリー・デイヴィッド・ソローの『森の生活』が漫画化[48]されており、先入観を挿めば漫画と距離のあると見える作品も多々ある。

既に多くの学習参考書が漫画による解説を施され、世界史、日本史といった科目で利用することができるようになった。書かれている内容はとても充実している。こういうものが入手できるようになった現在、大学受験も別のかたちに変化している。中国の歴代王朝、アメリカの歴代大統領、日本の歴代首相なども、個性的な絵に助けられそれが記憶の一助となろう。

著者の年代では、小学校の時に『少年サンデー』と『少年マガジン』が創刊[49]され、しばらく漫画の世界[50]に浸った生徒が多かった。高学年になると、活字の詰まった文庫本を読むことが大人になった証とでも考えたか、世界文学に目が向いた。新潮文庫の外国文学を読

47　『まんがで読破　蟹工船』Kindle版 小林多喜二著、バラエティ・ワークス著、Teamバンミカス刊、2021年

48 『森の生活』ソローの生き方を漫画で読む』マクシミリアン・ル・ロワ著、A・ダン イラスト、原正人翻訳、いそっぷ社、2020年。

49 両雑誌ともに1959年の創刊。

50 家にあった『冒険ダン吉』（1933）や『のらくろ』（1931）も読んだ記憶がある。そして受験参考書の世界から解放されたとき待っていたのは、つげ義春（1937—）といった、ある意味、純文学とでも呼べる漫画作品に次々と出会った。複数の漫画家にはそれぞれ箱に収めた作品全集があり、これを大事に繰り返し読んだものだ。

んだり、その正反対とも言える川端康成、谷崎潤一郎、三島由紀夫といった日本の作家の作品を手にした。もちろん夏目漱石など、どこまでわかっていたのかは別として、思い立ったかのように読みだした。シェイクスピアの作品も手にしたが、どこがありがたいのかわからなかった。その後、ずいぶんの間、わからないままであったが、大学くらいから半ば強制的にという文学的禁じ手を用い、映画を観たり、芝居を観たりしているうちに、腑に落ちた。ただしあまりにその名が人の口にのぼり、あまりに卒論に選ぶ学生や研究者の数が多いと知り、何か別の作家との兼ね合いでつながるときに読み直すというかたちに落ち着いた。

著者は文庫本という入口から文学作品の世界に入った年代だが、若い読者、あるいはその親に相当する世代でも漫画が先という人がたくさんいるだろう。たとえば夏目漱石『こころ』、あるいは芥川龍之介『河童』、むしろ島崎藤村『破壊』などなど。イギリス作品ならシェイクスピアの『ベニスの商人』もそうだろう。今や文学の複数の名作とその著者たちが同時に登場するような、新たな漫画、アニメーション作品[51]も生み出されヒットしている。

ところで、日本には漫画全般について網羅的に学ぶのに適した施設が東西にふたつある。ひとつめは明治大学現代マンガ図書館[52]。JR中央線お茶ノ水駅から歩いて十分もかからない。展示室の

51　日本と世界の文豪たちが闘いを繰り広げる「文豪ストレイドッグス」シリーズがある。原作漫画が2015年からテレビでアニメ化され、2023年現在も同シリーズは続いている。また、ノベライズもされている。

52　東京都千代田区神田猿楽町1—7—1。開館時間、休館日、利用方法などは、https://www.naiki-collection.jp/

企画展[53]が個性的で充実している。ふたつめ。京都には学校の跡地を利用したさらに大きな施設、京都国際マンガミュージアム[54]がある。地下鉄南北線烏丸御池で降りると歩いて五分とかからない。展示も集められた作品も多様で、少なくとも半日の予定を組まないと見残しが出る。

ことばの構築物

原文、翻訳、映画、アニメーション、漫画と、作品への入り方はいくつもある。著者が学生のころは、英文学作品も米文学作品も英語で読むというやせ我慢をしたものだ。もっとも、教員たちは日夜、日本で出版される文学全集の翻訳に励んでいたから、学生が翻訳をつかうことに眉をひそめたならば、自己矛盾に陥る。数十年前ロンドンのピカデリー近くにあった日本の食材や雑貨を扱う店にはイギリス文学の作品の日本語訳があったから、世話になって、かの地の大学でレポートや論文を書いた学生もいたのだろう。

原文に始まり、翻訳をときに読む。それが映画になり、漫画になり、アニメーションにもなる。自分でも翻訳し、英語の授業をするようになって気が付いたのは、英語を日本語に訳すということは、一度英語でできた建物をばらばらに壊し、日本語によって別の建物を建て直すという作業に見

53　2022年秋から2023年春にかけては漫画『釣りキチ三平』にちなむ企画展「矢口高雄展」が開催された。著者の見学した「創造」の中心には「マタギ」がいた。この時期、動画配信サービスのGYAOでアニメ「釣りキチ三平」の無料放映があり、三平たちの動きも確認できた。

54　京都市中京区烏丸通御池上ル（元龍池小学校）。開館時間、休館日、利用方法などは、https://kyotomm.jp/

え始めことだ。インドのシク教徒の大作家クシュワント・シン（1915―2014）の作品『デリー』（1990）のなかのひとつのエピソードを引き合いに出すと、わかりやすいかもしれない。ある寺院が異教徒によって破壊される。するとその周辺に住んでいた石工や建設従事者は新たな支配者のために壊れた古い寺院の石材を活用して新たな寺院を建立する。そうした繰り返しが起こるものの、なかには一生、建立にかかわることなく今ある寺院の周りで生涯を終えるものもいる。実に気の長い話だ。

翻訳者はひとつの言語で構築された構造物を長時間かけて別の言語の構造物へと建て替える。時として一日数ページの原文を訳し終えることもできれば、一日数行に呻吟することもある。翻訳者の頭のなかにあるのは、もとの言語の建築物の総体、そして新たな言語の建築物の総体だ。

第二章　記憶の水面――ヨーロッパ諸都市の水

イギリス ―テムズ川

十九世紀イギリスの作家チャールズ・ディケンズの最後の完成作品『われらが共通の友』（1865）の冒頭の場面にテムズ川が出てくる。ヒロインのリジー・ヘクサムがテムズ川でボートを漕ぎ、父親がテムズ川を流れてくる死体を手繰り寄せ、金目のものを集める。そのイメージが先にかたまっていたからであろう、テムズ川の水面を見る前に過剰な期待を寄せたことはなかった。実際、現代のテムズ川を見れば、十九世紀にはそういうこともあったろうと思わせるような水面で、散策して健康になったとしてもそれは、徒歩という運動のおかげだと思わせるような、そんな川の流れのイメージがある。ただそこは大都会ロンドンの中心部を流れる川だけあって、人々の生活を反映し、多くの橋がまたぎ、護岸はジョギングをする人やら、自転車に乗る人やらの往来でせわしない。雨で護岸の建物が少しくらいぼやけたほうがよいということも次第にわかってきた。傘がさせないほどの強風ということもあるので、そんな日は買い物に外へ出ることも避け、昼間から照明をつけ、本を読む、あるいは画集を眺める。

テムズ川沿いに歩いてみよう。地下鉄セント・ポールズ駅まで出て、セント・ポール寺院を午前中に見学し、そこからテムズ川にかかる、歩いていると安定感のないミレニアム・ブリッジ[1]を渡り、

1　2000年に開通するものの、想定しない横揺れが生じ「ゆらゆら橋」と揶揄された。数日で閉鎖され改修が施され、2002年に再開通した。

テート・モダン、つまり現代美術を集めた美術館で午後を過ごす。もともと火力発電所であった建物を利用した美術館で、外からの眺めは遠くから見ても工場のようだ。内側も、たとえばフランスの美術館などと違い、そこここに発電所の面影が残っている。

グリニッジ天文台のあるグリニッジまで、ドックランズやカナリー・ウォーフを眺めながら、テムズ川を下る。水は濁り、船のエンジンの音だけが聴こえる。やがて埠頭に着き、天文台や海軍博物館（国立海洋博物館）を見学。海軍博物館は内容が海軍に特化したものだけあって、大英博物館のような雰囲気とはことなる。イギリスにはサミュエル・ピープス（１６３３―１７０３）というとても個性的な海軍大臣がいて、テムズ川の岸辺あたりにはいくつかゆかりの地がある。

パリのセーヌ川はイギリスのテムズ川と水面そのものの印象は似ているが、川幅が狭かったように思うし、まわりの建物もまったく異なっている。セーヌ川に近いカルチェラタンのホテルに泊まると、ロンドンで言えばブルームズベリーの大英博物館に近いイメージを抱く。ただ昼間は古書を扱う店が出ていることもあり、覗き始めると切りがなくなる。そうした川の水面の記憶のなかで似ているのは、たとえば東京の隅田川あたりで、その水面を契機に永井荷風の『濹東綺譚』（１９３７）が脳裏をよぎる。川とその周辺の生活は水面や雨や橋が中心となり、どこの土地でも出来事は似てしまうのかもしれぬ。

欧州の街をめぐる運河と川

オランダのアムステルダムは運河でめぐる。運河沿いの建物は荷物を釣り上げるため、運河に面した壁の上部がやや前傾している、という記述を何十年も経ってから知ったが、たしかに運河にかぶさりそうなところがあった。アンネ・フランクの家とレンブラントの家との間で、どちらにしようかと迷ったものの、アンネ・フランクの家に入る。屋根裏部屋というのがどうして表からわかりにくいのかがわかった。それからロンドンなどでも、そこまで上がって見学できるところは、階段を上がって入った。こういう階段を上下する話は夏目漱石の『カーライルの家』[2]（１９０５）にも出てくる。家の造りが日本とは異なるという話につながる。

オランダのデルフトは水を通じて日本につながる。デルフト・タイル[3]はのちに長崎の出島博物館で目にすることになり、オランダと日本がひとつにつながった。

ベルギーのブルージュもまた運河の街で「北のヴェネツィア」と呼ばれたりもする。『死都ブルージュ』[4]という本もあるくらいで、明るいイメージはない。運河を船で巡ると水面が間近に感じられ

2　漱石ロンドン滞在時の紀行。帰日して小説家の道を選ぶ。青空文庫に『カーライル博物館』が掲載されている。https://www.aozora.gr.jp/

3　デルフトで生産された伝統的な装飾用陶磁器タイル。17世紀から18世紀にかけ人気となる。ちなみに江戸時代、長崎は中国とオランダに開いていた。長崎からオランダへの船は実際のオランダではなくインドネシアのバタビア（ジャカルタ）に向かった。

4　ジョルジュ・ローデンバックの小説で１８９２年刊。邦訳に『死都ブリュージュ』窪田般弥訳、岩波文庫、１９８８年。

る。聖母教会でミケランジェロの、バチカンのピエタ像にも似る聖母子像を見る。その面立ちは現代でもヨーロッパの街を歩いていそうな若い女性のそれで、現実の女性とモデル、作品とマリアが一直線に頭のなかで結びつく。画家フェルメールの生涯をモデルの視点から描いた映画『真珠の耳飾りの少女』[5]が発表されるはるか以前のことだ。

バスでドイツのケルンへ。ライン川の水面はたえず動き、河口付近の川や、運河とは違う。川は街と国と人を繋ぐ。ライン川の川沿いを走り、オランダ、ドイツ、スイスを繋いでいた「ラインゴルト」という列車があった。「ライン川」という音が記憶の隅に残っていたからか、鉄道模型のカタログで「ラインゴルト」[6]が目に入る。

ポルトガル —テージョ川

ポルトガルは北の街ポルトから入る。ポートワインのポルトだ。ホテ

5　映画『真珠の耳飾りの少女』（原題：*Girl with a Pearl Earring*、公開：2003年、監督：ピーター・ウェーバー、出演：スカーレット・ヨハンソン、コリン・ファース他、製作国：イギリス・ルクセンブルグ）

6　アガサ・クリスティの『オリエント急行殺人事件』の舞台、オリエント急行と並ぶヨーロッパのもう一つの豪華列車に「ラインゴルト」がある。ドイツの鉄道模型会社メリクリンからは、HOゲージが製作されていて、鉄道模型ファンには至宝の品だ。また、リスボンの路面電車の、黄色い車体の模型はよく再現されていて、窓の木枠の部分がていねいに塗装されている。インターネットの動画を検索すれば、ポルトガル、リスボンの市電の動画を日本からの訪問者も多数アップしている。

手前が列車「ラインゴルト」の鉄道模型（HO模型）、奥はドイツの老舗鉄道模型メーカー・メルクリン社のカタログで、左は「オリエント急行」のカタログ（著者撮影）。

ルで聞いたレストランは川の傍。高いところに橋が架かっている。魚料理で、日本で食べ慣れている味とそう違いはなく、外国で魚を食べているという気があまりしなかった。そこから列車で大学街コインブラに移動。図書館を見学するにつけても、学問というものは根気と体力の要るものと圧倒され、最後の目的地リスボンへ。

リスボンの街ではどこに行くにも市電の世話になる。路線バスやタクシーも使う。詩人の像が椅子に腰かけていたが、今にして思い返せば、それは詩人フェルナンド・ペソアだった。[7]

ペソアの愛読者は今や世界中にいて、その最晩年を小説に仕上げた人もいる。自室から友人に付き添われ入院し、死を待つという筋立ての『フェルナンド・ペソア最後の三日間』[8]だ。ペソアはそこで三人の異名（自分のなかの他者）の詩人たちとことばを交わす。

リスボンの南の川は大西洋へと注ぐテージョ川。船に乗り港の沖から街を眺めると広々とした水面だ。きれいな丘が見える。ペソアも「テージョ川は」というタイトルの詩をのこしている。

7　1888―1935。47歳で亡くなり、生前は一部の人々にしか知られていなかったが、死後、その偉業が徐々に明らかになり、今ではポルトガルを代表する詩人と言われている。ペソアを想起させるヴェンダース作品『リスボン物語』（1994）がある。

8　アントニオ・タブッキ『フェルナンド・ペソア最後の三日間』和田忠彦訳、青土社、1977。

テージョ川はわたしの村を流れる川より美しい。
だがテージョ川はわたしの村を流れる川ほど美しくない。
テージョ川はわたしの村を流れる川ではないからだ。
（アルベルト・カエイロという異名による作品「テージョ川は」より）

この川を見下ろすリスボンの街こそ、母の再婚相手の義父に連れられた思春期を過ごした、南アフリカの地からいつもペソアが思い描いていた土地だった。

青い空──子供の頃と変わらぬ空──
遠い昔から黙して流れる優しいテージョ川
空を映す小さな真実よ
ふたたびおれの訪れた苦悩　昔に変わらぬ現在のリスボンよ
お前はなにもくれぬ　奪わぬ　お前は無なるもの　そしてそれこそ
おれの感じているおれだ
（アルヴァロ・デ・カンポスという異名によるペソアの作品「リスボン再訪」より）

リスボンのカフェ「A Brasileira」の前にあるペソアの像（2005、Nol Aders、CC、wikimedia）

建物がびっしりと丘を覆い、その屋根が美しい。その屋根の間を市電が通っている。軒下と言ってもいいような、しかし日本の軒下のようなものはないから、建物の壁際を黄色い車両がすり抜ける。どこまでもどこまでも走り、しまいに終点がないような気にさえなる。街の中心部には坂道の下と上を結ぶ上下二駅だけのケーブルカーがあり、下の駅から上の駅が見えるほどの距離だ。大学生から授業料値上げ反対のビラを渡されたが、大学進学率は高くはなさそうで、恵まれた子弟という印象も持った。

リスボンを走る路面電車の模型（著者撮影）

フィレンツェ ―アルノ川

イタリアは都市ごとに建物の色が違う。建材の石の色の違いによるが、いくつかの違う国に行ったような印象が残る。フィレンツェは街の中央をアルノ川が流れているので、北と南に広がった目的地を目指して歩くごとに、ヴェッキオ橋や他の橋を渡ることになる。橋があれば、途中、川面を眺めたくなるもので、辺りに注意して足を止める。周囲のホテルからもたいして高くない屋上からヴェッキオ橋が見える。美術館や博物館は午後には閉まってしまうので、午前中に見学を済ます。ゆっくりと昼食をとり、午後は買い物をするという人も多そうだ。夕方になり、夕食の時間といっても、それほどレストランが早く開いているわけでもなく、夕涼みのような気分でアルノ川の脇の道を行ったり来たりする。鞄の店を覗いたり、バンドなど皮製品の店を覗いたりして、迷った挙句、また次の機会ということになるが、一晩寝ると忘れてしまう。

イギリスの作家Ｅ・Ｍ・フォースターの『眺めのいい部屋』（１９０８）は舞台がフィレンツェで、小説というものはこういう作品を言うのだろうと思わせるような小説らしい小説だ。淡々と人々が集まり、関係ができ、そして思いもよらぬことが自然と起こる。これをもとに制作された映画[9]もよくできている。

アルノ川が重要な舞台となる作品には、ジョージ・エリオット（１８１９―１８８０）の『ロモラ』（１８６３）がある。フォースターの作品の淡々とした進行とは違い、次々に大きな、しかも歴史的な事件が起きる。

アメリカの作家メアリー・マッカーシー（１９１２―１９８９）に『フィレンツェの石』[10]という歴史紀行があるのも面白い。フィレンツェは海こそないが、その分、アルノ川がさまざまな作家たちの記述の対象になる。

10　幸田礼雅訳、新評論、１９９６年。

9　映画『眺めのいい部屋』
原題：*A Room with a View*
公開：1986年
監督：ジェイムズ・アイヴォリー
出演：マギー・スミス　デンホルム・エリオット他
製作国：イギリス
原作：E.M. フォースター『眺めのいい部屋』

ローマ ―テヴェレ川

ローマには日本でもよく知られたトレビの泉をはじめいくつもの泉があり、夏の旅であれば水に手を入れたくなる。色の記憶としては透明感のあるブルー。

旧市街を囲むように蛇行するテヴェレ川がいちばん大きな川だ。旧市街の中心にはナボナ広場があって、中央には彫刻と噴水[11]がふんだんにある。たとえばローマの北の入口ポポロ広場やロトンダ広場にあるパンテオン、またコロッセオやフォロ・ロマーノなどをひと通り見たあと、テヴェレ川を越えた地域、トラステヴェレの教会を見ようと、川を渡る。教会を見学して出ると、遠くの車から声をかけられ、咄嗟に、車の視界から出た。旧市街に戻ろうと速足で進むと、また車から声がかかる。旅行書の注意書きがあったのだからと思い返す暇もなく、足早になんとか旧市街に戻る。外国で無意味な冒険はするものではない。もちろん、よいこともある。ヴェネト通りから小道を入ったところに地元の人相手の食堂があり、くつろぐことができた。中に入ると、値段は安く良心的。メインが終わり、支払いをしようとすると、「まだ、まだ、ジェラートがあるじゃないか」と主人が言う。奥さんも「そうそう、急ぐことはないでしょ」とアイスクリームを持ってくる。安い。インターネット上で評価などない時代、パソコンもこれから、携帯電話もこれからという時代のこと

11 ナイル川、ガンジス川、ドナウ川、ラプラタ川の四大河を模した彫像のある噴水がある。

だ。

　ローマ近郊ティヴォリ公園こそは水の公園で、流れる場所しだいでかたちを変える水を堪能できる。そしてますます日本の水が懐かしくなる。ヨーロッパでは、まずマーケットで飲料水を確保することが一日の始まりのような日課[12]だ。

広場と路地の色

　水の色、建築物の色、フォロ・ロマーノの色と色を巡る記憶はつきないが、なかでもロトンダ広場のパンテオンの記憶は忘れ難い。二度目に訪れたときの印象が一度目と違い、内部の決して濃くはない色彩に打たれたものだ。それからしばらくイタリアは色彩の国と独り決めしていたが、あるとき東京藝術大学美術館で観音像の色彩に至近距離から触れ、思い込みの怖さを知った。

　ヴェネツィア、サンタ・ルチア駅に到着したのは夕方。日のあるうちに宿に着かなければと、そこから水上バスでサン・マルコ広場の奥の宿に向かう。地図を見ても右も左もわからない。なんとかチェックインを済ませ、夕食をとる。

　翌日からサン・マルコ広場の周辺を歩く。あとで知ったことだが、この辺りは観光の出発点らしく、周辺を眺めているだけでも一日はかかる。サン・マルコ広場、サン・マルコ寺院、ドゥカーレ

12　今でも、イギリスの作家エリザベス・ボウエン著『ローマ歴史散歩』（篠田綾子訳、晶文社）をときどき、開くことがある。

宮殿、「ため息の橋」など今、ヴェネツィアの解説本を読むにつけ、ああ、これだ、という具合に、自分の歩いた様子が目に浮かぶ。

アルフレッド・ヒッチコック（1899―1980）の映画『鳥』（1963）の原作者、ダフネ・デュ・モーリエ（1907―1989）というイギリスの作家に『いま見てはいけない』[13]（1971）という作品があり、大学生向けの英語教材として注のついているものがあった。これをある女子大学で教材として使ったところ、学生は内容に引き込まれとてもよく予習をしてくれた。最後の数ページをのこして授業を終えたところ、結末を知りたいと何人かの学生が言ってくるほどだった。

映画『赤い影』[14]は『いま見てはいけない』が原作で、建築家の主人公が修復の仕事でヴェネツィアを訪れ、夫の仕事中、妻はヴェネツィアの街を歩く。都市小説の娯楽版のような本で、難しいことを言って読者を突き放すようなところがない。気取りもない。ホラー小説のような要素も入っている。都市とテキストがうまく絡み合っていて、読んでいて自分がヴェネツィアにいるような気にさえなる。そしてヴェネツィアを訪れ、この作品がヴェネツィアの小さな運河や運河沿いの路地をじつにうまく使った作品だと確認する。

13　『いま見てはいけない　デュ・モーリア傑作集』務台夏子訳、創元推理文庫、2014年。

14　**映画『赤い影』**
原題：*Don't Look Now*
公開：1973年
監督：ニコラス・ローグ
出演：ジュリー・クリスティ、ドナルド・サザーランド他
製作国：イギリス・イタリア合作
原作：ダフネ・デュ・モーリエ『いま見てはいけない』

では、と路地を歩く。観光客も多かったので、せいぜい、運河に落ちないようにすれば、危険はないと決め、進んでは戻り、戻っては進む。どこをどう進んだか再現はできない。ただ、植草甚一になったつもりで歩く。どれが名所と確認もせず、ただ自分の目で見て驚きにつながった建物にのみ足を止め、見入った。と、いつの間にか少し広いところに出て、目の前に立派な建物がある。とにかく入る。建物はサンタ・マリア・グロリオーザ・デイ・フラーリ教会[15]。なかで目にしたのが、ティツィアーノ・ヴェチェッリオ（１４９０―１５７６）の「聖母被昇天」[16]。ヴェネツィアを後にしてからもしばらく脳裏を幾度となく過ることになった作品に、いわば偶然のように出会った。事前に調べすぎないで出かけた旅のなかでも、もっとも収穫の多い旅のひとつになった。「聖母被昇天」を見てからというもの、ヴェネツィアの他の美術館では何か淡々とした気分になる。終着駅に辿り着い

15　**サンタ・マリア・グロリオーザ・デイ・フラーリ教会と聖堂**（Didier Descouens、CC/wikimedia）

16　**聖母の被昇天**（CC/wikimedi）

たかのような気持ちになる。驚きという経験が希薄になる。むろん細い運河沿いの路地はあいかわらず面白い。店もおもしろい。併せて「聖母被昇天」のような作品はどこかにないかとも探し始める。

ヴェネツィア群島

ヴェネツィアは独立したひとつの島ではない。多くの島に水路を経て足を延ばすことができる。ムラーノ島、ブラーノ島、トルチェッロ島のことを知ったのは、ホテルのフロント近くにあったブローシャによる。ゴンドラのクルーズは不似合いだが、水の都に来たのだから船に乗ろうと運行図を確認し、とある桟橋に出る。「ムラーノ、ブラーノ、トルチェッロ！」と船の近くで叫ぶ声が聞こえる。船の上から水面を眺める、ヴェネツィアが離れていく。ムラーノ島でもブラーノ島でもいろいろなものを売っている。ヴェネチアン・グラスもそのひとつだ。

最後のトルチェッロ島で人の流れについて行くと、ヴェネツィア本島の教会よりも威圧的ではない地味な教会に出た。なかに入って上を見上げると聖母子と十二使徒の姿。ヴェネツィア最古のサンタ・マリア・アッスンタ聖堂のモザイク画「十二使徒と聖母子」(12〜13世紀)がこれであった。

ヴェネツィア滞在を「聖母被昇天」と「十二使徒と聖母子」にまとめ上げるのは無知と承知だが、旅先の驚きという点では、いまでも、ヴェネツィアの記憶のかなりを占めている。

ある朝、サン・マルコ広場が浸水しており、金属の柱の上に板のついた、ちょうど会議机のような恰好のものが連ねられ、人はその上を歩くようになっていた。これもまたヴェネツィア歩きのひとつのかたちと小雨のなか、妙に納得し空港に向かう。

ヴェネツィアを舞台に成功した作家は多い。イギリスの劇作家ウィリアム・シェイクスピアの『ヴェネツィアの商人』は法廷劇なので、ヴェネツィアの運河がどうのという話にはならない。シェイクスピアはヴェネツィアに行ったことがないという。ヴェネツィアという地名が、十六世紀のロンドンのグローブ座では異国情緒を醸し出した。今の日本でもそれはかわらず、筋の大半を忘れても、「ヴェネツィア」と言うと「商人」と来る。

イギリスの作家チャールズ・ディケンズの『リトル・ドリット』（1855―1857）でもヴェネツィアが舞台の一部となる。負債者監獄で生まれたエイミー・ドリットは、父がいろいろな経緯から負債者監獄を出てヴェネツィアに滞在することになったのにつられ、遊び好きの姉とヴェネツィアに滞在するが、どうもしっくりこない。このあたりのところはBBC制作のテレビドラ

テレビドラマ『リトル・ドリット』

原題：*Little Dorrit*
公開：2008年
監督：アダム・スミス他
出演：クレア・フォイ、マシュー・マクファディン他
製作：イギリス・BBC
原作：チャールズ・ディケンズ『リトル・ドリット』

マ[17]でもよく描かれているが、エイミーにとってヴェネツィアはあまり陽気な場ではない。

ドイツの作家、トーマス・マンとなると『ヴェネツィアに死す』(『ヴェニスに死す』、1912)に見られるように、美と死が対峙される。映画[18]もある。

ところが二十世紀も少しさかのぼり、アメリカからイギリスに帰化した作家ヘンリー・ジェイムズの『鳩の翼』(1902)となると、ヴェネツィアは新聞記者マートンと富豪の娘ミリーとって忘れ難い場となる。映画『鳩の翼』[19]もあり、ミリーが雨の中をおして水辺を歩きマートンを訪ねる場面などもある。

最後はイーヴリン・ウォーの『回想のブライズヘッド』[20]。その映画[21]では、人々が仮面をつけるカーニヴァルの場面がひとつのクライマックスとなっている。

19　映画『鳩の翼』
原題：*The Wings of the Dove*
公開：1997年
監督：イアン・ソフトリー
出演：ヘレナ・ボナム＝カーター、ライナス・ローチ他
製作国：アメリカ・イギリス
原作：ヘンリー・ジェイムズ『鳩の翼』

雨のアジア

17　2008年制作。Amazon Prime Videoで字幕版のシーズン1エピソード1～14話のうち、8話まで見ることができる。(2023年6月末現在)。
18　1971年公開。
20　『回想のブライズヘッド』(上・下)、小野寺健訳、岩波文庫、2009年。
21　『情愛と友情』(*Brideshead Revisited*)、2008年、イギリス映画。

韓国、釜山。飛行機から見える海、ホテルに向かうバス、そして夕食で再び目にする海。当時のセマウル号で慶州に向かう。さらにソウルに向かう。漢江を見る。

北京に向かう途中で黄河を機上から見た。黄河だったのだろう。はるか眼下を茶色いうねりが目に入った。北京、紫禁城に堀はないが、となりの天壇公園には水面がある。ただし冬のことで凍っていた。

香港は九龍と香港島のあいだを地下鉄で通る。海の下だ。渡し舟でも渡った。九龍の南の端の陶磁器博物館を見て、近くの水面を見る。休日らしく、フィリピンから来て香港で働く人たちが憩っている。

シンガポールのチャンギ空港に着陸するまでは海の上を飛行機が低空で飛ぶ。しばらくして陸が見え、すぐに着陸する。シンガポール川が流れクラーク・キーがある。そもそも島の大きさというものがあるから、大河や急流はない。港からクルーズが出ている。食事をとっていると、やがて辺りが暗くなり、水面も港のビルの明かりを映すばかりとなる。空を見上げると、チャンギ空港から飛び立つ飛行機の赤い光が見える。たしかに海の記憶はあるのだが、突然の雨の記憶は鮮明だ。インド人街に出かけ、カレーの店に入る。メニューが運ばれてきて時間をかけて選ぶ。海老カレーをとった。他の料理とゆっくり食べる。すべて食べ終わったころに、突然、強い雨が降って来た。かなり強い。ウェイターは客を追い立てるでもなく、一時間ほど、雨宿りをした。ウェイターは入口のわきから時々雨の落ちてくる空を眺めている。やがて小ぶりになり、店を出た。翌年だか翌々年だかにもう一度、その店を訪ねてみる。海老カレーの味ばかりでなく、強い雨の午後の、その時の店の雰囲気が気に入っていたからだ。同じ地区の同じ道の同じ店に辿り着いたものの、店は消えていた。旅の成功は一度限り。ひとつの土地の幸運な経験は一度限り。そう割り切ると、あの強い雨も、いくつかの幸運が重なってのことだったのだろう。

シンガポールからマラッカにバスで向かう。長い橋があり、マレーシアから輸入されている水を通す巨大なパイプがバス路線から見える。フランシスコ・ザビエルの墓を見る。

クアラルンプールは水面を意識することなく通りすぎた。インドネシア、バリ島も水面の眺めが続き、やがて空港に着陸する。

東京の水

東京。多摩川。サイクリングコースを歩いて移動する。多摩川の支流をたどり、あとで浅川と知る。

神田川は秋葉原の、かつての交通博物館のあったJR神田駅の万世橋ビルのすぐそば、赤レンガ高架橋沿いを流れている。その少し上流にJRお茶ノ水駅があり、聖橋がまたいでいる。橋は高いところを通り、水面まではずいぶんとあったので、そそくさと渡り、湯島聖堂を見る。大学生のころはアルバイトのお金が入ると、神田川から九段方面に向かい、千鳥ヶ淵の水面を眺めることもあった。神田川をさらに上った早稲田のあたり、春には桜を見る。神田川が吉祥寺近くの井の頭恩賜公園まで続いていることは、あとになって知る。歩いているときは気づかない。あとでわかる。神田川は下流で墨田川に出る。その墨田川は、すみだ北斎美術館[22]に行くときにＪＲ総武線の電車の窓から眺める。思いのほか水量が多い。治水は水を治めると書く。

ＪＲ目黒駅西口から目黒川へ向かう。川を渡ると、二つの施設のどちらに向かうか迷う。目黒区美術館[23]か目黒寄生虫館[24]か。今日は寄生虫館を選び、展示をくまなく読む。ビル・ゲイツも訪れたという。館内で聞こえるのは日本語より英語や中国語など外国語のほうが多い。

東京には高い建物の間に小さな池がある。おりおり眺めるということをしてきた。急いでということはない。たまたま出かけた先に池があれば、ベンチに座り眺める。横山大観記念館[25]見学の帰りに、不忍池を歩く。そこから見ると上野が地形として山だというのがよくわかる。水面は水鳥や植物でにぎやかだ。庭園の池も少なくない。校内に池のある大学もある。東京大学の三四郎池。夏目漱石の『三四郎』にちなんでいる。学習院大学の血洗池もよい。ＪＲ目白駅のホームから見ると、学習院大学の敷地は北から南にゆるやかに傾斜し、その傾斜の底が、塀で見えないが血洗池のあた

22　東京都墨田区亀沢２―７―２。ＪＲ総武線両国駅東口より徒歩９分。
23　東京都目黒区目黒２―４―36　目黒区民センター敷地内。目黒駅西口より徒歩約10分。
24　東京都目黒区下目黒４―１―１。目黒駅西口より徒歩約10分。
25　東京都台東区池之端１―４―24。ＪＲ上野駅より徒歩15分。

りだ。

目白には小さいが洒落《しゃれ》た池がある。目白通りを西に向かって小径を入ると目白池だ。都会の中にいきなり水鳥の群れがいるという貴《あて》な池。池そのものにも風格がある。駒込の六義園の池はまさしく建物に囲まれたなかにあり、きれいに整備されている。行くたびに木々が少しずつ成長しているように見える。朝倉彫塑館[26]の池もいい。こちらは日暮里駅から歩けるところで、凝った池がある。屋上からの眺めも落ち着いている。あとは新宿御苑の池。

郊外に出ると、川あり池ありで、目移りする。ただ旅という感覚で訪れるわけでもなく、でかけた先でたまたま水面を目にする。東京は高低差があるので、低い方に向かえば、池や川や暗渠や緑道に出ることが多い。久我山あたりで神田川に出て、川沿いに井の頭公園まで歩く。川のなかの太い鯉を眺めたり、水鳥を見たりと忙しく目を使う。吉祥寺と西荻窪の北方向には善福寺川と善福寺池があり、付近の人が散策する。京王線東府中駅から府中市美術館へ向かう道すがら、公園内に小さな日本庭園があり水鳥の数は数え切れない。鴨と一口に言っても、そうとう種類がありそうだ。

関東の水

埼玉の別所沼はJR浦和駅からバスで十五分程度のところにある。最初はただの見学。次は釣り

26　東京都台東区谷中7—18—10。日暮里駅北改札口を出て西口から徒歩5分。

竿を持ち、釣れないので、大人たちの姿や道具を眺める。弁天島に橋で渡れる。歩いて一周するとよい運動になる。そのうち、釣り方もわかって、釣り果は時に二桁になることもある。同じく埼玉の大宮公園の池では､幼いころ､池の縁の杭に挿まれた魚を手で捕まえた。自分の身体の太さを誤った魚が、杭の間でもがいていた。小さな魚だ。それを見つけたのだから、目がよかったのだろう。

水田があれば小さな沼がある。やがて住宅地として埋め立てられるいくつかの水田の隅に、小さな沼があった。たまたま見つけたその沼で、大人たちが釣り糸を垂れていた。一人が鮒を釣り上げると、別の釣り人たちが、水面から上がってくる魚の大きさを確かめた。だれかが鮒や金魚を放せば、しだいに魚影は濃くなる。

埼玉県久喜市の栗橋にある利根川にかかる橋を渡る。ああ、県境かと思う。利根川は子どもの目には大きい。栃木県の日光にバスで向かう。華厳の滝が日本三大瀑布と知ったのはずいぶんあとのことだ。その上の中禅寺湖の湖面。さらに別の機会には、中禅寺湖から華厳の滝に向かう水の流れを見たような気がする。

水面の数は増えていく。浦和から赤羽や上野方面に向かうときに渡る荒川もよく眺めた。その荒川の上流部にあたる秋ヶ瀬橋もよく通った。風情のある名前だ。自転車で出かけ、土手道の長さに疲れて帰る。荒川はさらに上流で入間川と分かれている。その入間川は川越市を囲むかのように半円を描く。入間川の上流に上寺山と下寺山という土地があって、それぞれにかかる橋のバスの上から水面を確認したこともある。山下清の線路もいいが、水はいい。

荒川の上流には渓谷の長瀞があって、そこの水面は緑がかった青をしていた。さらに上流には秩父があって、その辺りを徒歩で、また別の機会には自転車で回った。ここまで来ると荒川の河川敷には大小の石がゴロゴロとあり、その奥の山には清流がある。

日本の川がすべて透き通っているというわけではない。宮本輝の若いころの作品にその名も『泥の河』（1977）という名作がある。主人公の少年の家は川辺でうどん屋を営み、少年は近くの川に係留された船に住む家族の少年と友達になる。子どもの相手をしてやれぬ船に住む母親に代わり、主人公の両親が船の姉弟の二人を招き、なにかと世話をやく。少年ふたりは小さな冒険に出る。やがて夏が終わり、船の少年は母や姉を乗せた郭船とともにおそらくは新しい川辺へと去っていく。

第二章　映画の色

映画のなかの配役とその仕事

若い時の映画鑑賞には、その映画の舞台への憧れや誤解がつきものだ。そして、その舞台となる国に出かけてみると、ますます好きになることもあれば、幻滅することもある。年齢も進み、対象国との関係がよい意味で冷静になる。冷静になった今、つまり若いころの思い込みからある程度解放された今、イギリス映画はどのように見えるのか。

イギリスの映画を観ていると、日本人の自分から見て実に個性的な作中人物がたくさん出てくる。あるときは頑固、あるときは一途、あるときは変わり者と見えるそうした人物が活きいきとしている。変わり者であることに躊躇しない。これは同調圧力の強い日本とは事情が違う。人の目を気にしない。自分の生きたいように生きる。その潔さが時にうらやましくもある。

かれらの職業、仕事はどうであろうか。これにはどの国でも実は個人のなりたち、個性の形成に大きく影響している。前著『継承と共有』(三月社、2021)でアメリカの映画監督、ウディ・アレンの作品を観なおしたとき、その感をますます強くした。次はどのような人物が出てくるのかという楽しみと、次はどのような仕事をする人が出てくるのかという楽しみが見事に重なった。イギリス映画も、いやどこの国の映画も、こうした期待に応える。

イギリス映画を「駆け足」で観なおすといっても、『長距離走者の孤独』[青年と地域の有力者](1964)

や『炎のランナー』〔オリンピック選手〕（１９８１）から始めたら、イギリス流ユーモアにすらならない。その結果、今の自分にいちばん訴える作品からはじめるというかたちに落ち着いた。『狼たちの死刑台』『つぐない』『シェイクスピアの庭』『秘密と嘘』『ピータールー』といった作品だ。ただぼんやりと観ていられる映画ではない。観る側に思考を要求する。観る側に世界観の見直しを迫る作品だ。畢竟、観る者に疲労感を覚えさせる。

灰色の都市の相剋　―『狼たちの処刑台』〔退役軍人〕

どこの国でも村には緑が多い。町や都市には、観光用の旧市街を除き、コンクリートの灰色の街並みが続く。人は家族や仕事など個々の事情で村か町あるいは都市に住む。少数が両方の生活を享受する。緑色の土地と灰色の土地のどちらに住むことが幸福かは、それぞれの事情や好みによる。映画には色の違いが出るので、作中人物と色彩との関係も明確になる。作中人物がどうしてその仕事に就いているのかも二時間前後で明らかになる。その仕事についたその作中人物はどのような色彩のなかで生き、そして幸福であるか否かにまで理解が及ぶ。

現実の人生ではこうはいかない。人の人生を知るには時間がかかるし、理解したと感じてもそれが正しいかはわからない。映画であれば、その作中人物、その仕事、その生活環境、そしてその色彩感覚は、作品を作った人々の人間理解の仕方を語る。幸福や理想について映画を通して考えるのは悠長に過ぎると言われもするだろうが、そのありようだけはおさえておきたい。そうでないと、ずるずると、こんなものだという諦めや妙な現実主義に足をとられる。

『狼たちの処刑台』[1]の舞台は公営住宅[2]とその周辺。環境は荒れに荒れている。そこに退役した軍人がひとり住み、時間があると友人と酒場でチェスをする。だが友人はあることから標的になり殺される。退役軍人は銃を買うため、あやしい家をたずね、その奥で大量の植物が栽培されているのを目にする。人に前歴を話すでもなかったかれの、銃の腕はたしかだった。

作品は全編、黒の闇、ないしコンクリートの灰色の世界で、緑の痕跡もない。唯一の緑はあやしい家で栽培されている植物のみという世界だ。

緑の世界は一見、人を招き寄せるかに見えるものの、時に見たくないものは見ないでおこうという感情と結びつくこともありうる。他方、灰色の世界は死と背中合わせというほど深刻な側面を持ちつつ、そこに一条の光がさしているということもある。ひとつの映画作品をどちらか一方に分類

1　**映画『狼たちの処刑台』**
原題：*Harry Brown*
公開：2009年
監督：ダニエル・バーバー
出演：マイケル・ケイン他
製作国：イギリス

2　公営住宅は、V・S・ナイポールの晩年の作品『魔法の種』（2004）にも鮮明に描き出されている。作中人物の住居や立地の住所が少しずつ向上していく様子も興味深い。『ビスワス氏の家』といった父親とその住居の変遷をたどったかのような作品を書き、人の住む場所に強い関心を持ったナイポールにふさわしい到達点といった作品だが、決してロンドンの住居を美化してはいない。

することは、そもそもできない。少なくともわかりやすさという一点に絞れば、灰色の世界は隠されることのない強い感情と結びついている。

同じマイケル・ケイン主演の作品に『アルフィー』〔運転手〕（1966）という映画があるから、かれの役の幅はかなり広い。主人公はかなり適当な人生を生きている。仕事はいろいろな車の運転手。正装してロールス・ロイスも運転する。同棲相手と子どもができると、しばらくは息子の子守に夢中になるものの、また飽きて、別の女性と住み始める。運転手仲間の集まる食堂でも、やや英雄気取りでそのスタイルを崩さない。そんなアルフィーが後半ではどうなるかという点で観客を引っ張る。

『アルフィー』にはジュード・ロー主演のリメイク[3]もある。舞台はイギリスからニューヨークに移る。ここではリムジンの運転手。お金は必要なだけあればよい、あとは人生を楽しむだけと考え、自由な生活を満喫する。恋人に振られたという親友を慰めつつも、その恋人（ジュリー）の勧めるビリヤードバーで、思わぬ誘惑にさらされる。何杯も酒を煽ったかの女はジュークボックスの声に合わせ『ドリフティング・オン・ナ・メモリー』を自ら歌い、「あなた」という歌詞に差し掛かると、拳銃のように人差し指を見立て、アルフィーを撃つ。アルフィーもかの女の座興に応え、心臓を銃弾に撃ち抜かれた男のポーズをとる。著者がたどたどしく文字で伝えるこの内容を映画は瞬時につ

3　2004年。

かみとる。

『狼たちの死刑台』のマイケル・ケインは善人の怒りを演じるが、悪人を演じても堂に入っている。ナット・キング・コール（1919―1965）の名曲『モナリザ』に着想を得た映画『モナリザ』（1986）では組織を切り盛りするモートウェルとして登場し、手下のジョージ（ボブ・ホプキンズ）に自分の身代わりとして七年間の刑務所生活を送らせる。出所したジョージにシモーヌ（キャシー・タイソン）を送迎する運転手の仕事を与え、さまざまな情報を得ては客をコントロールしようとする。シモーヌはかつて街に立っていたときに知り合ったキャシーという少女の消息を突き止めるようジョージに頼み、ジョージはロンドン、ソーホーの夜の世界を調べ回る。やがてジョージはシモーヌ自身の過去も理解し始めるが、シモーヌにすでに惹かれ始めたあとのことで、引き返せず、危険をともにする。舞台はシモーヌがかつてすごしたケント州のブライトン[4]に移り、二人の運命が決まる。

屈服しない色――『ウィンストン・チャーチル』［政治家］

『狼たちの処刑台』の町はコンクリートの黒に近い灰色、ハリー・ブラウンの朝食には卵もソーセージもベーコンもなく、パンにジャムを塗るだけだ。かれとイギリスの首相の朝食を比べるのも乱暴

4　同じくブライトンを舞台とした映画にグレアム・グリーン（1904―1991）原作の『ブライトン・ロック』がある。小説は1938年、映画は2010年だ。この文豪の名作と同じく『モナリザ』でも、作中人物たちが「どうしようもなさ」、「せつなさ」を「わかっていてものめりこむ」という状況を文学的に描いている。

だが、ウィンストン・チャーチルの朝食は先のすべてが揃い、ベッドまで運ばれる。厚切りのベーコンやソーセージが、やがて首相となり、「われわれは屈服しない」という議会演説でしめされる闘争心につながっているかのように描かれている。

今、参照しているのは、政治家を主人公とする映画『ウィンストン・チャーチル　ヒトラーから世界を救った男』[5]だ。映画だとこのようなことができる。朝食の質感や量感から、観る者に感じさせることができる。文章ではこうはいかない。

作品はドイツ融和派のチェンバレン内閣（１９３７―１９４０）のあとを継ぎ、外相ハリファックス卿らを相手に「屈服しない」と議会演説をするところで終わる。その後の五年間の長い闘いは描かれていない。秘書の視点から見てのチャーチルだ。指導者のこうしたことばを国民が待っているということはよくある。そのことばが出てこないことに国民がいら立つこともある。時に国民は期待のあまり指導者のことばに欺かれることもある。

チャーチルの妻を演じたクリスティン・スコット・トーマスは痩身の女優で、整いすぎている面立ちの不安定さというところに、他の女優とは異なる個性がある。この映画ではチャーチルの妻役だから、妻もそれ相応の強さを持っ

5　**映画『ウィンストン・チャーチル　ヒトラーから世界を救った男』**

原題：*Darkest Hour*
公開：2017年　監督：ジョー・ライト
出演：ゲイリー・オールドマン、クリスティン・スコット・トーマス他
製作国：イギリス・アメリカ合作

ている。

『イギリス人の患者』[6]〔パイロット〕（１９９２）ではキャサリン役として登場し、生と死の間にいるパイロットを前に、自分の現実を忘れる。映像は観る者を『星の王子さま』（１９４３）が映像になったのかと錯覚させるような砂漠の場面から始まる。複葉のプロペラ機に二人の人物。キャサリンが前の席、操縦士の主役アルマン（レイン・ファインズ）が後ろの席。と、地上から対空砲火を浴び、飛行機は墜落する。全体としては喜劇的な作品『フォー・ウェディング』（１９９４）では、ヒュー・グラント演じる男性への愛情を隠す抑えの効いた演技をする。『レベッカ』（２０２０）で演じたダンヴァース夫人も衝撃的だ。

邂逅――『プライベート・ライアン』〔兵士〕

指導者は何も首相である必要はない。少人数の部下を持つ分隊の隊長も、時に兵士たちの生涯を左右するようなことばを口にする。アメリカ映画『プライベート・ライアン』〔兵士〕（１９９８）はノルマンディー上陸作戦のシーンから始まる。三人の息子をフランスで亡くし、四人目の息子の行方を追い、救出するという命を受けた隊長をトム・ハンクスが演じ、今、かれの隊は海岸に向かう

6　原作はスリランカ出身のマイケル・オンダーチェ（１９４３—）で作品として分類すればポストコロニアルの文学におさまる。邦訳『イギリス人の患者』（土屋政雄訳、新潮文庫、１９９９）。

上陸用舟艇のなかにいる。ある兵士は緊張に震え、ある兵士は嘔吐する。砲弾が飛び交うなか、いよいよ上陸目前となったとき、隊長は短く「ビーチで会おう」と言う。

著者はこのシーンをノルマンディーに近いホテルあたりのテレビで観たのではない。対岸のイギリスの海岸の、たとえばドーヴァーやフォークストンなどのホテルのテレビで観たのでもない。東京、秋葉原の電気店街の道端に設置された大型液晶画面のなかで観た。映画のシーンとそれを観た自分の場所との空間的乖離と時間的乖離を頭のなかでしばらくの間は整理できなかった。時が経ち、やっと乖離の構図に思考がおよび、ＤＶＤを手に入れ、まず隊長のことばの箇所を何度も再生した。

悲劇と喜劇 ―ヒュー・グラント出演作品

『ラブ・アクチュアリー』（２００３）では、まずエマ・トンプソンが登場し、次にヒュー・グラントが出てくる、それだけで笑いが込みあげてきて困った。エマ演じるカレンがグラント演じる兄デイヴィッドに電話をする。兄の職業は政治家、首相という設定でグラントが演じる。エマはここでは夫の浮気に気をもむ妻の役を演じる。

首相の私生活がすこしばかり喜劇的に描かれているところが面白い。首相の若さが現実の元首相トニー・ブレアのイメージにつながったが、こういう喜劇を堪能することができたのも二十世紀までということは多くの鑑賞者の納得するところだろう。最後にエマが泣く二つのシーンでも、そら涙とは言わぬまでも、これもすべて芝居のなかの出来事という思いが離れない。事実、芝居なのだから芝居がかっていても当たり前といえばそうだが、なかなかフィクションであることを忘れて作品に入れない。ところが最後のところで、気がついて見ると作品に入り込んでいたということに気が付く。

イギリス映画『ノッティング・ヒルの恋人』［旅行書書店主］（1999）では、グラントがロンドンのノッティング・ヒルで旅行書を扱う書店主を演じる。旅行書の専門店というところがすでに笑いを誘う。店の名前は「トラヴェラーズ・ブックショップ」[7]。料理の本でも、植物の本でもないところがポイントだ。いま・ここではない世界を指し示す本を売る仕事の意味するところは。作品のなかではアメリカの有名女優という設定で、ジュリア・ロバーツ[8]が共演している。

グラントはウディ・アレンの作品『おいしい生活』［クッキー店］（2000）にも出ている。ここではクッキー店で財をなした女性から「文化」や「教養」の世界を提供するという触れ込みで、その財産が目当てという人物を演じる。

元首相トニー・ブレアをエリザベスⅡ世の脇役、しかも儲け役に据えたのが、ヘレン・ミレン主演の『クィーン』（2006）で、ブレアの在任期間に起こったダイアナ妃の弔い方をめぐり、首相

7　同名の店がコヴェント・ガーデン地区のセシル・コートという古書店街にかつてあり、ベデカーやミシュランの旅行案内書の古本が売られていた。
8　スティーヴンソン原作『ジキル博士とハイド氏』の映画『ジキル&ハイド』［医師］（1996）でメイドのメアリーを演じた時とは一八〇度ほどに異なる演技を見せている。

は女王に進言する。事件当時、女王はエディンバラ公とスコットランドのバルモラル城に滞在し、女王は籠もり、公は鹿狩りに孫たちを連れていくという具合に進行するが、ブレアが国民に哀悼のメッセージを出されてはと進言する。ミレン演じる女王はロンドン、バッキンガム宮殿に戻り、国民の前に出る。

ロンドンの配色

灰色のロンドン、緑色の地方という二分法からは多くの具体例がこぼれ落ちてしまうが、話の入口としてはわかりやすい。都会の人々は灰色の世界に住み、地方の人々は緑色の世界に住む。もっとも、いつの時代もそうというわけではなく、都会がスラム化するのをどうにか食い止めようとする努力は常に行われてきた。ロンドンに緑がないと言っているのではない。現在のロンドンはむしろ都会に緑の多い首都だろう。ハイド・パーク、ケンジントン・パークは言うに及ばず、グリーン・パークという緑そのものを名前に持つパークもある。そしてスクエア。ブルームズベリー・スクエア、ラッセル・スクエア、タヴィストック・スクエア、ゴードン・スクエア、クイーン・スクエアと大英博物館やロンドン大学周辺だけでもいくつものスクエアで憩うことができる。[9]

また、ロンドンの地下鉄セントラル線で郊外にでれば、広大な敷地を擁するキューガーデンズ

9　ただし夜ともなり、そこに路上駐車する車のドアをこじ開けようとするものがいて、警報装置が鳴り出すことも少なくないということを除けば。

（キュー王立植物園）に出て一日を過ごすこともできる。日本で言えば、東京の新宿御苑、小石川植物園や、名古屋の東山動植物園をさらに大きくしたものという感覚だ。

図書館の配色

ロンドンの大英図書館は、もともとブルームズベリー地区の大英博物館のなかに長い間あったが、今はセント・パンクラス駅の近くに移転しており、図書館があることによってその周辺地域も治安がよくなったかに見える。またかつての大英図書館のラウンド・リーディング・ルームには、都会の無機質さから利用者、閲覧者を救うための工夫がこらされていた。入館料は無料。朝、借り出したい本を申し込むと、どさりと本が届き、それを読むという、人力中心の図

大英図書館（The British Library）のラウンド・リーディング・ルーム
(Bobulous、2004、wikimedia/CC)

書館だ。一九九〇年代、よくお世話になった。

　この図書館の椅子が緑色をしている。そしてランプシェイドも。同じようなランプシェイドはよく映画のなかの図書館の場面で目にすることができる。アメリカ映画だがブラッド・ピット主演の『セブン』（１９９５）には、事件のことを調べるためにニューヨーク公共図書館でゆっくり調べものをする場面がある。ランプシェイドの緑といい、使われている音楽といい、『セブン』の凄惨な内容とよくコントラストをなしている。

　国会図書館関西館の読書室はまた違う雰囲気がある。その食堂からは緑が見えもしたが、トイレはまわりじゅうがアルミでできているらしく、パソコンのなかに自分が小さくなって入り込んだような気になった。

ニューヨーク公共図書館（New York Public Library）のリーディング・ルーム
(Appitecture、2018、wikimedia/CC)
写真は2018年、映画『セブン』の緑色のランプシェードとは異なる。

緑のランプシェイドと椅子という環境と、なんとなく金属的な図書館で、どちらが読書や調べ物がはかどるかは、仕事の内容、人の好み、年代、経験などによってさまざまであろう。木製の机とスティール机も好みの分かれるところだ。どうしても片付けなければならない事務的な仕事はスティール机、創造的な仕事は緑の椅子やランプシェイドというおおまかな印象を持っている。緑のランプシェイドのもとでいつまでも想像に耽っていては、必要な書類の締め切りに間に合わないような気もする。家にいてスティール机では落ち着かなくなる。

第四章　批評と鑑賞—植草甚一の仕事から

第二次世界大戦以前から一九五〇年代までに作られた作品群

「シネマディクトJ」

『つぐない』と『シェイクスピアの庭』という具体的作品から入った本書は、はじめ敢えて時間、つまり映画の制作された時間と映画に描かれた時間について意識することを避けた。他方、水をめぐる旅の記憶を呼び起こし、日本と外国の水の違いに触れた。緑のありかたの違いに触れた。共通点の多い作品群を整理すると、イギリスの映画の流れにいくつかのまとまりがあると気づく。第二次世界大戦以前から一九五〇年代までに作られた作品群、六〇年代の作品群、七〇年代から九〇年代の作品群、時代を越える文芸作品、そして二十一世紀の作品群。以下、制作年代を意識して作品を語る。描かれた作品内部の時間については個々の作品で、必要に応じ触れる。

植草甚一（１９０８―１９７９）に『シネマディクトJの映画散歩　イタリア・イギリス編』[1]という本がある。人から映画についての本を書こうという意志を奪うかのようなタイトルの本だが、そこは時代の違いがあり、著者がカヴァー仕切れぬ発表年代の作品群の同時代的理解を助けてくれる。かれのイギリス映画に関する目次を引用するだけでもかなりのことがわかる。

まず映画監督のデイヴィッド・リーンとその作品から。「監督の形

1　「植草甚一スクラップ・ブック27」、晶文社刊、２００５年新装版。初版は１９７８年。

『シネマディクト J の映画散歩
イタリア・イギリス編』

成について」に続いて『情熱の友』、『大いなる遺産』、『旅情』、『アラビアのロレンス』と来る。本書でもこれから触れる『大いなる遺産』に続いてキャロル・リードの『文化の果つるところ』、『文なし横丁の人々』。パヴェル+ブレスバーガーの『赤い靴』、『天国への階段』、『黒水仙』。チャールズ・フレンドの『怒りの海』、ピーター・ブルックの『三文オペラ』。アナトール・リトヴァックの『愛情は深い海のごとく』。リンゼイ・アンダーソンの『孤独の報酬』。トニー・リチャードソンの『蜜の味』。

紹介の内容がいささか時代がかっているが、イギリス現代映画、二十一世紀の映画を観賞していると、やはりそこには植草が紹介した数々の映画の片鱗が継承されていて、目のつけどころにうなる。また今世紀に生をうけた若い映画鑑賞者が両親や祖父母の世代の記憶のなかに、イギリス映画はじめ洋画というものがどのように記憶されてきたかを確認することも現代映画への理解を深める。

時間軸の長いディケンズ―『大いなる遺産』

『大いなる遺産』2（次頁）は何度観てもよくできている。拙著『抽象と具体』でも触れたが、ジーン・シモンズ演じるエステラの姿がピップの目を通して視聴者に残る。

姉と鍛冶屋の義理の兄のもとで育つ少年ピップに老人の相手をするという話が舞い込む。原作はチャールズ・ディケンズで、ディケンズだけあって、少年の身に起こる現在の出来事が大人になってからどうなったかというところを克明に描く。つまり時間軸がながくとってある。少年が老婦人の屋敷をたずねると出てきたのは冷たい印象を与える少女で名をエステラという。何度か通ううちに少年はエステラに関心を抱くが、エステラは少年に氷のように冷たい態度のままだ。これにはからくりがあって、屋敷の主人ハヴィシャム婦人がそうさせている。なんとも面倒くさいことをしていると見えるが、婦人は真剣で、かつて結婚式に現れず自分を置き去りにした男への復讐心を、この少年をいたぶることで満足させようとしている。屋敷の内部のなんともいえぬ暗い雰囲気、黒とも灰色ともつかぬ世界が作品を支配している。

2　**映画『大いなる遺産』**
原題：*Great Expectationsr*
公開：1946年
監督：デヴィッド・リーン
出演：ジョン・ミルズ、ジーン・シモンズ他
製作国：イギリス

著者はかつてディケンズの主要作品の舞台を見てみようと思い立ち、ロンドンだの地方だのに出かけたことがあった。出かけて確認した現地は、訪問当時は近すぎてよくわからなかったが、歳月が過ぎ、空間距離の隔たりの大きさを今、思い返してみると、記憶のなかから強い印象をもって思い起こされる場所がいくつかある。

ハヴィシャム婦人の屋敷の舞台となった家もそのひとつで、チャールズ二世が王政復古を機に大陸からロンドンに戻るとき、一夜を過ごした家としても知られている。なかに入ると大きな階段があり、二階には婚礼の宴を模した飾りつけや皿が飾られ、イギリスの作品の舞台の再現の念の入った様子に驚いたものだ。鼠や埃に至るまで、入念に作られている。これが日本の再現であるともっとあっさりしているのではないか。実在の人物、たとえば、徳川家康の幼少期の書院や食事が静岡市駿府城公園内巽櫓で再現されているが、よく掃き清められ、ごてごてしたところがない。ロンドンではシャーロック・ホームズの家にしても、カーライルの家にしても、ディケンズに家にしても、どうもこのごてごてした感じをぬぐえない。さっぱりとした感じがしない。これでもか、これでもかという過剰感が支配している。

赤と緑 ―『黒水仙』〔修道女〕

『黒水仙』[3]はどこから語っても結末のヒントになってしまいそうで、注意が必要な作品だ。植草はそこをうまく避け、色彩の問題を前面に出し、赤の使われ方をひとつひとつ取りあげる。ならば緑はと、作中にそれを追うことも幾たび、とどめは最後の場面で雨が降り、雨粒が緑の葉を打つ様子と指摘すれば、連想は八方に広がる。色が重要というなら色を識別する主体である人はさらに重要だ。赤を前面に出す映画製作者たち。その赤に打ちのめされるかの植草。赤を見入る視聴者たち。色を緑に変え緑を追う本書の著者。そして何よりも赤や緑のなかで生きる作中人物。それを演じる

3　ヒマラヤの山麓の修道院を舞台にした1947年のイギリス映画。

俳優たち。秀逸なのはかれらの眼差しのありようだ。修道院に入る前のデボラ・カー演じるクローダの眼差しのアップはない。祖母から結婚の暁には宝石はあなたのものと首飾りを見せられるときでさえ。ところが修道院のなかでクローダはいつも何かを見ている。他の修道女を見つめ、周りの人々を観察している。虚空を見つめているときも思案の様子だ。その目の動きで観客はクローダの心の内を推し量る。早送りではわからない。早送りする必要もないほど、次々にことが起こる。

映画批評とカノン

植草の論じた映画を少し見直せばわかることだが、その登場時点でサブカルチャーの旗手と見えたかれが論じてきた映画は、後世の現代にいたり、各国映画史のカノン[4]を形成していた。では当時の日本で、映画のカノンとはなんであったのかと考えると一瞬、戸惑う。カノンというと大げさになるが、おそらく黒沢明監督の作品を指すという理解に落ち着くかもしれない。事実、一九五四年生まれで一九六〇年前後に父親の仕事の関係でイギリスに渡ったカズオ・イシグロがその後観ることになった映画のなかには、ヨーロッパやアメリカの映画に加え、日本のそうした映画も多数含まれていたのだから。

植草の本から映画について考えるきっかけは複数ある。しかし著者が最初にのめり込んだのは、

4　西洋における文化芸術各分野における古典、正典の意。

その映画についての書き物以上に蔵書だった。一九八〇年代後半、母校の助手（現在はこの職位はないが、主に研究室の事務と本の購入などをしていた）であったとき、その研究室で、当時亡くなった植草の蔵書の一部を購入することになった。そうして運ばれてきた本を眺めていると、どれもこれも知らないものばかりで、英米の横文字の本に少し慣れてきたところだったので、軽いショックを受けた。こういう本を集める人の頭のなかはいったいどうなっているのだろうかと思った。答えはすべて「植草甚一スクラップブック」[5]という晶文社の全集のなかにあった。

Jの街と都市を歩き巡る

映画を観て、植草の映画本に触れたら、次は経堂巡りとなる。二〇〇〇年代に入り、どうしたわけか植草の通っていた経堂の書店をのぞいてみたくなり、小田急線豪徳寺駅のあたりから、ぐるりと東京農業大学のほうを回って、農大通りの店々をのぞき、経堂駅に辿り着き、そして北口のすずらん通りのあたりまで足を延ばした。途中、ランチをとってのゆっくりとした散策だったので、半

5　映画関係の本を抜き出してみると『いい映画を見に行こう』（晶文社、１９７６、新装版２００４）、『ヒッチコック万歳！』（同、１９７６、同２００４）、『ぼくの大好きな俳優たち』（同、１９７７、２００５）、『ハリウッドのことを話そう』（同、１９７６、２００４）、『サスペンス映画の研究』（同、１９７７、２００５）、『映画はどんどん新しくなってゆく』（同、１９７７、２００５）、『ぼくの好きな外国の漫画家たち』（同、１９７８、２００５）、『シネマディクトJの映画散歩　イタリア・イギリス編』（同、１９７８、２００５）、『シネマディクトJの映画散歩　アメリカ編』（同、１９７８、２００５）、『シネマディクトJの映画散歩　フランス編』（同、１９７８、２００５）、『シネマディクトJの誕生』（同、１９７９、２００５）となる。

日かけて歩きながら思いを巡らせた。当時まだ植草が住んでいたという経堂駅の上のマンションは健在で、植草がここを基地に、東京中を歩き回った様子が浮かんできて、歩くこと、美術館に出かけること、ターミナル駅の喫茶店で休むことが、読むことや書くことにうまくかみ合っていると感心した。

植草を通して目の前にある都市について読み解き、知りたいというなら、植草の『ぼくの東京案内』（晶文社、1977、新装版2005）を加える。著者も東京を意味もなく歩き続けてきたが、東京というのはそれほど道が広くない。人は多いが、たとえば名古屋のように道が広くはない。車中心といっても、歩くところが十分にあり、散策をやめられない。事実、上野の美術館や東京芸術大学の美術館に行くと、行きも帰りも上野の公園の中を歩き、横山大観記念館まで足を延ばしたり、そこはあきらめ、パンダ橋を渡り、旧上野駅舎の売店に寄り、地下道を通り、上野警察署界隈でランチをとり、そこから御徒町方向を目指し、京浜東北線や山手線の線路をくぐってアメ横に出て、南下の末、松坂屋あたりによって御徒町駅に戻るなどということを繰り返す。何か買おうというわけでもない。ただ二〇二〇年の新型コロナウイルス感染症拡大以前は人の出入りが気になったのと、感染状況が少し下火になってからは、やはり人の出入りが気になった。人が多ければ遠くから眺めるだけ。そういう取り止めもない散策でかまわないのだということを植草の本は言ってくれるようで、読んでいて楽な気分になる。

天気が悪ければ『雨降りだからミステリーでも勉強しよう』（晶文社、1972。ちくま文庫、2015）を開く。勉強するという対象らしからぬミステリーを勉強しようと言ってみたり、反対に図書館や美術館などは、ふらりと行ってみてはどうかと言いたげな、そういうところが植草の魅力だ。ファッションからしてそうだが、かれの身に着けているものは写真を見ただけで、現実にはともかく、じゃらじゃらと音を立てているような気がする。そういう小物を扱っている店に入ると、いきなり植草が出てきそうな気になる。

Jのニューヨーク

外国の都市についてはどうなのかと、植草のニューヨーク本『ぼくのニューヨーク案内』（晶文社、1977、2005）を手に取ると、あまりに細かく、リアルだ。街というのは所詮、店やレストランや書店の集積という気分になる。大きな美術館だからとか大きな博物館だから力を入れて書くという姿勢がどうも植草の本には見当たらない。

著者がニューヨークに出かけたのは9・11（2011年のアメリカ同時多発テロ事件）の前のことで、なんとなく入りにくく外からワールドトレードセンターを見たり、キングコングの映画でよく知られたエンパイア・ステイト・ビルディングにのぼったりした。マンハッタンの南端から船に乗り、自由の女神像の頭部の冠のところまで登ったり、船の時代にアメリカへの移民が最初に渡ったスターテン・アイランドを見学した。マンハッタンに戻れば戻るで、ニューヨーク公共図書館、フリック・コレクション、ユダヤ人街、タイムズ・スクエア、冬はスケート場になるプラザ、カーネギー・ホール、セントラルパーク、アメリカ自然史博物館、グッゲンハイム美術館、『恋人たちの予感』[6]の現代美術館（ＭＯＭＡ）などを回った。すべてガイドブックの定番の場所で、今、思い起こすと恥ずかしくもあるが、これが植草のニューヨーク案内となると、東京案内がそうであるのと同様に教科書的なところがまったくない。むしろ植草が日本で入手し読んだであろうニューヨークが横溢している。植草のニューヨーク本を見て、実際に歩き始めたら、たちまち何日かが経ってしまうだろう。要するに植草は自分のニューヨークを歩き、自分のニューヨークを語っている。結果としてだれも語れぬ不思議なニューヨークができあがっている。追体験するというより、自分を通して自分で歩き、自分で書けば、読者も自分のニューヨークができると言っているかのようだ。

そういう植草だったから、植草そのひとについても知りたいという人が出てくる。ただその好奇心の産物であるはずの『植草甚一の研究』（晶文社、１９８０、２００５）という本に「研究」ということばが入っているところに、植草のとぼけたところが、いや植草の周辺にいた人々のとぼけたところが出ている。植草は体系的とか論理的ということを意識する研究姿勢からは滑り落ちてしまう何かを書き続けた。植草のなかではすべて説明がつくのであろうが、そとから眺めた植草の行動やそ

6　ニューヨークを舞台にしたロマンティック・コメディ映画。１９８９年、アメリカ制作。

の書き物はつねに読者の期待をずらす。そしてずらされるところがまたしても読者の快楽につながっていく。

都市を記憶する文学

植草の街歩き本から入り、都市と文学という問題に入っていこうとするなら、まずはロバート・キャンベル（１９５７―）の『東京百年物語（１・２・３）』（２０１８）がよい。なにしろ目の前に東京はあるのだから。ただしテキストの東京に耽溺しすぎず、歩き始める。結局、関東大震災前の東京について、関東大震災後の人々はテキストで触れるか震災前の経験を回想するしかなかったのだし、戦前の東京について、戦後の人々はテキストや戦前の経験で回想するしかなかったのだから。

そして先に触れたフェルナンド・ペソアに『ペソアと歩くリスボン』（近藤紀子訳、彩流社、１９９９）という本があることを知ってなにか安心する。ここには都市の案内書の基本形が出そろっている。死後発見された原稿を多くの人々の尽力で私たちは今、十九世紀前半のリスボンを再構築することができる。福間恵子の『ポルトガル、西の果てまで』（２０２１）といった本を楽しめるのも、またリスボンを舞台とする映画を楽しめるのも、ペソアの〝リスボン愛〟に負っているような気になる。写真集では杉田敦の『静穏の書：白い街、リスボンへ』（彩流社、２０１５）がある。

世田谷の作家たち

京王線芦花公園駅から五分ほどのところにある世田谷文学館で企画展「開館20周年記念　植草甚一スクラップ・ブック」[7]が開催され、さらに詳しことがわかってきた。

世田谷には第二次世界大戦以前から多くの作家が住んでいた。下北沢の住人だった高崎出身の詩人、萩原朔太郎（１８８６―１９４２）はついに終戦を知ることなく戦時中になくなった。作家の井上靖[8]（１９０７―１９９１）も世田谷に住んでいた。思想的には距離があるが、旧制第四高等学校の同窓であった中野重治[9]（１９０２―１９７９）の家も、互いに歩いて行けるところにあった。世田谷文学館にはこうした作家たちの住んでいた家の地図などが常時展示されている。世田谷は区としては広く、各地域が一見するとばらばらのように見えるが、作家や詩人でまとめると、そこにかれらが越してきた事情はまちまちながら、ひとつのまとまりがあるかのように見えるから不思議だ。

7　２０１５年４―７月。東京都世田谷区南烏山１―10―10。
8　静岡県駿東郡長泉町のクレマチスの丘に井上靖文学館がある。三島駅からクレマチスの丘までシャトルバスが出ている。
9　福井県坂井市丸岡町の丸岡図書館内に中野重治記念文庫がある。蔵書約１万３千冊のほか、中庭には東京世田谷の住居から移植したくちなしや山茶花、ロウバイなどもある。

外国映画連想

満を持して、とそれほど大げさではないにしても、二〇二二年、経堂周辺に用事があり、三回ほど経堂駅周辺をそれぞれ半日かけて歩いてみた。そんな植草気分の蓄積の上に、今、かれの『シネマディクトJの映画散歩　イギリス・イタリア編』のイギリス編を閉じたところだ。初出一覧を見ると、一九五三年から一九六〇年にまで原稿の雑誌掲載年が広がっているが、すでに約六〇余年を経過した文章のひとつひとつが微塵も古さを感じさせない。もとより選ばれた映画評もまるで今、書いているかのようだ。

この勢いで植草の語るイタリア編に目を通し始めると、これも宝の山で、しばらくは植草世界から出られなくなりそうな気さえする。文化遺産とはこういうものを指すのだろう。入ったら最後、しばらく出られない。ようやく現代の現実に戻ったときには、イギリスの詩人S・T・コールリッジ（1772—1834）のことばではないが「より憂いを秘め、より賢き人」（『老水夫行』）になっているような気分になる。

植草が対象としたイギリス映画の制作年代は第二次大戦前後だ。それに少しばかり、他の映画を加えておく。

科学者を描く『透明人間』（1933）。そもそも透明になれば作中人物も色がなくなる。諜報員を描く『三十九夜』（1936）。ロンドンからエディンバラに向かう列車が作品に動きを与える。

アメリカ人の作家が謎に巻き込まれていくという『第三の男』（1944、前著『抽象と具体』166頁参照）。諜報員も裏で人を操る人物も目立ってはいけない。表に出ない人物は第二次世界大戦直後のウィーンの地下道を巧みに移動する。アメリカ人の作家は、間違えてもラテン・アメリカの作家たちが書くような作品をものしたという経歴で登場するのではなく、やや凡庸な作家として登場し、第三の男の消息を追う。ウィーンには地下水道がめぐらされていて、その灰色の世界で、追跡劇が進む。ポーランド映画『地下水道』（1956）を彷彿とさせる。

操縦士が主役の『天国への階段』[10]（1946）。物語はランカスターというイギリスの爆撃機の中で始まる。ドイツの都市の空爆を終えたが、対空砲火で炎上中だ。狭い機内。主人公ロジャーのすぐ近くでは戦友が息絶えている。ピーター（デイヴィド・ニーヴン）と通信しているのは、地上にいるアメリカ軍人の女性レイモンド（キム・ハンター）で、脱出を勧めるがパラシュートがないという。ここで二人は互いの声だけで恋に落ちる。

テーマは生と死と愛。人生最大のテーマを扱いながら最後まで破綻することなくまとまるのは、細部の徹底した描写と、それを一息に越えた奇抜な発想の同居による。途中、本当に天国に向かう長い階段が出てきて細部描写の徹底ぶりの前に、作品の流れに身を任せたい心境になるかもしれな

10　日本語の映画タイトルを見ると、宗教的な映画を連想するが、アメリカで採用された *A Matter of Life and Death* というタイトルを訳したものだ。

い。色彩という点では、天国やそこに至る階段がモノクロ、ピーターがレイモンドと過ごす地上が木々の緑色を基調にしている。最後はピーターを地上に戻すか、天国の留め置くかという長い裁判[11]場面で終わるが、検事側、弁護側、そして裁判官のことばは聴き洩らせないほど重要で時間も気にならない。

グラハム・グリーン原作の『逃亡者』（１９４７）。赤が見事なバレリーナ『赤い靴』（１９４８）。軽率な財産分けで辛酸をなめる国王の物語『リア王』（１９５３、『継承と共有』22―23頁参照）。『冬のライオン』（１９６８）では国王に加え、若き日のアンソニー・ホプキンス[12]に会うことができる。シェイクスピアの世界を通じ、日本でもイギリスの王たちの姿が馴染みとなってきたが、その詳細は知られていない。その点『冬のライオン』は王位の行方という意味で、国王ヘンリー二世に妃や三人の息子たちがからみ、次の展開が最後までわからぬからくりの作品で、見ていて油断がならない。それに古いと感じさせない。王妃は年に一度、幽閉をとかれ、川面を船で移動し王の居城にやってくる。

『一九八四』（１９５６）。このジョージ・オーウェルのもっともよく知られた作品については、小説、

11　イギリスに裁判ものは多い。重要なところではチャールズ・ディケンズの『荒涼館』のなかのジャーンディス対ジャーンディスというい つ果てるともない裁判。『鏡の国のアリス』の裁判。だが『天国への階段』の裁判では、裁判が名ばかりの場に終わり、死刑判決が叫ばれることもない。

12　『冬のライオン』では、『ハワーズ・エンド』や『日の名残り』や『ベオウルフ』でも活躍したアンソニー・ホプキンズの、名優として大成する以前の、若いころの線の細い王子姿を見ることができる。

映画に加え、コミック[13]というジャンルからの新しい受容がある。

13 ジョージ・オーウェル文、フィド・ネスティ編・絵、田内志文訳、いそっぷ社、2022年。

第五章　スウィンギング・ロンドン

ロンドンを中心とした一九六〇年代作品群

スウィンギング・シックスティーズ❶——『ラストナイト・イン・ソーホー』［学生］

『ラストナイト・イン・ソーホー』から入ろう。この作品は一九六〇年代に制作された作品ではない。六〇年代を舞台に取り入れた二〇二一年の現代の映画だ。

主人公エロイーズはコーンウォールというイングランド南西部に住む若い女性で、祖母と暮らしている。母はすでになく、エロイーズは祖母や母の憧れの地であったロンドンに同じように憧れている。そのロンドンで服飾のデザインの勉強を目指すエロイーズの元に学校から合格通知が届く。緑多き家の周辺をあとにタクシーで駅に向かい、鉄道でロンドンに着く。そこからタクシーでシャーロット・ストリート付近の学校の寮に向かうが、たちどころに馴染めなくなり、グッジ・ストリート駅近くのグッジ・プレイスという通りの家に下宿する。大家は六〇年代に青春を送ったサンディー・コリンズ婦人。

エロイーズは当初、学校生活、ロンドン生活を満喫するが、やがて夢にうなされるようになる。夢でかの女が見たのは六〇年代のソーホーで、カフェ・ド・パリやリアルトといった店が出てくる。そこで近づいてきたジャックを前

1　**映画『ラストナイト・イン・ソーホー』**
原題：*Last Night In Soho*
公開：2021年
監督・脚本：エドガー・ライト
出演：トーマシン・マッケンジー、
　　アニャ・テイラー＝ジョイ他
製作国：イギリス

に、歌を歌い、踊りを踊るが、ジャックには、ソーホーで仕事をする他の女性たちと同様の稼業に誘い込むという魂胆があった。

夢の中は六〇年代ソーホー、現実は二十一世紀のソーホーという二重生活のなかで、エロイーズはしだいにジャックの稼業の真の姿を知り、ソーホーの暗部に晒される恐怖を味わう。エロイーズにとって憧れの対象としてのロンドン、ソーホーはごく短時間で姿を消し、恐怖の場としてのソーホーが大部分を占める。

スウィンギング・シックスティーズ❷――『マイ・ジェネレーション　ロンドンをぶっとばせ!』

一九六〇年代はイギリスにあって文化の大転換期だ。そのあたりから時代を遡ったり下ったりすれば、人と職業、緑色と灰色の対照で捉えようとする世界もおのずと視野に入ってくる。当時を知るなら[1]、俳優、モデル、カメラマンの登場するドキュメンタリー『マイ・ジェネレーション　ロンドンをぶっとばせ!』（2018）がわかりやすい。進行をつとめるのは、『アルフィー』（73頁）や『狼たちの死刑台』（74頁）で紹介したマイケル・ケイン。[2]ほかにビートルズ、ローリング・ストー

1　1960年代のロンドンを知るドキュメンタリー作品には『Swinging London：ロンドン66-67』（製作・監督・撮影・編集：ピーター・ホワイトヘッド、1967年、イギリス）もある。

2　ケインは芸名をつけるとき、たまたま目にした『ケイン号の反乱』（1954）のケインからとったと本人が語る。ロンドンの下町の出身でコクニー（労働者階級の下町言葉）を話していたが、俳優業を経験する過程でさまざまな表現を駆使できるようになった

ンズ、マリアンヌ・フェイスフル（1946―）、マリー・クワント[3]（1930―2023）、ツイギー[4]（1949―）らも登場する。

ツイギーに稼がせてもらっているとあからさまに言うのは、登場する写真家。マイケル・ケインにとってもマイ・ジェネレイションは、ロンドンを舞台とする人々なので、決して緑を志向する人々ではない。かといって灰色の世界に生きているわけでもなく、強いて言えば、五十年代までの色彩の乏しい世界を脱し、色彩の世界に飛び込んだ人々の世界といえる。ツイギーの衣装やその写真集を見れば一目瞭然だろう。暖流の恩恵で、北の国でありながら極寒というわけでもなく、それでいて冬はそこそこ寒々しくなるロンドンと言う土地が、カーナビー・ストリートなどを中心に色彩を帯び始めた。

3　2022年秋、都内の電車の吊り広告にマリー・クワント展の案内があった。約半世紀以上前に活躍した人だから、50歳以下の日本人の記憶にはない人だ。しかしかの女に発するミニスカートはその起源を意識するしないにかかわらず、海のこちら側の女性も多数の選択肢のひとつとして、身に着けることとなった。

4　ツイギーも世界中に名前を知られることになったモデルで、コクニーを話す。後ろ姿の男性から好きな哲学者はときかれ、わからないとこたえ、逆に男性に、あなたはだれが好きなの、と切り返す。男性は、すべての哲学者と答える。ツイギーは、だれ、だれ、とさらに畳みかける。やっと顔でこちらを向ける男性。映画監督のウディ・アレンのやれやれという顔が大写しになる。スウィンギング・ロンドンのイコンのようなモデルだ。

オランダの「ミス・ミニファッション1966」の審査員でやってきたマリー・クワント (Collectie / Archief : Fotocollectie Anefo Reportage / Serie)

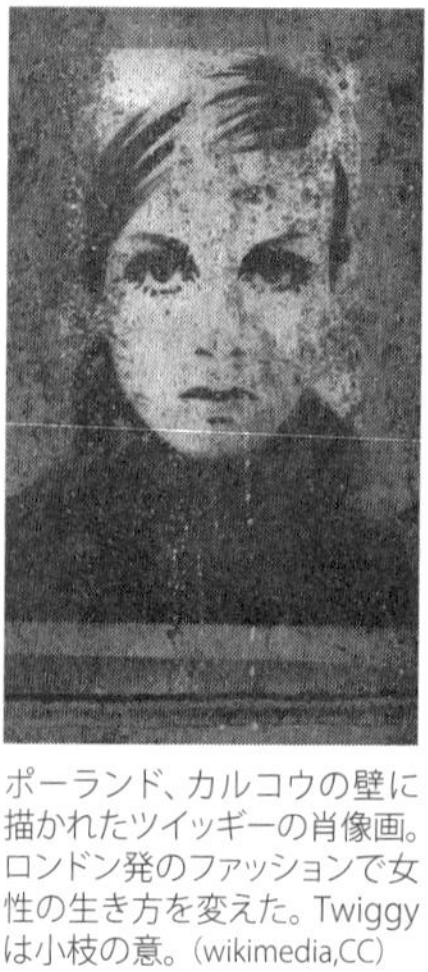

ポーランド、カルコウの壁に描かれたツイッギーの肖像画。ロンドン発のファッションで女性の生き方を変えた。Twiggyは小枝の意。(wikimedia,CC)

パブリック・スクールの内と外――『イフ』『チップス先生、さようなら』[教師と生徒]

『イフ』[5]は、ふとしたきっかけから生徒が学校の奥に保管されていた大戦時代の武器を発見し、やがてその武器を手にするという話だ。たびたび報道される学校内での銃乱射事件を先取りするかのような映画がイギリスのパブリック・スクールを舞台に作られていたという点で、一九六〇年代のイギリス映画では今日的問題の多くが早くも取り上げられていたことになる。[6]

『イフ』の衝撃的結末を観たところで、これもパブリック・スクールを舞台とする二つの作品を観る。いずれも『チップス先生さようなら』という作品で、ここでは主演のドーナットのチップス[7]（1939）とオトゥールのチップス（1969）としてそれぞれの作品を区別する。

5　**映画『If もしも ....』**
原題：*If....*
公開：1968年
監督：リンゼイ・アンダーソン
出演：マルコム・マクダウェル他
製作国：イギリス・アメリカ

6　今日的問題に届いている1960年代の映画としては『年上の女』（1958）、『怒りをこめて振り返れ』（1959）、『土曜日の夜と日曜日の朝』（1960）、『蜜の味』（1961）、『召使』（1963、『継承と共有』30頁参照）、『孤独の報酬』（1963）、『長距離走者の孤独』（1962）と名作が並ぶ。こうした作品と並べると『アラビアのロレンス』（1962）は、少しはなれたところにある作品と見える。

7　**映画『チップス先生さようなら』**
原題：*Goodbye, Mr. Chips*
公開：1939年
監督：サム・ウッド
出演：ロバート・ドーナット他
製作国：イギリス・アメリカ

ドーナットのチップスは、ロンドンの駅でブルックフィールド校の出発する寄宿生の生徒たちに手を振る親たちの描写から始まる。同じ汽車に主役の新米教師チップスも同乗し、客席で親元を離れる少年を慰める。授業が始まっても生徒にからかわれる日々だったが、ふと同僚に誘われオーストリア旅行に出て人生が変わる。登山で出会ったキャサリンと恋に落ち、イギリスで再会し、結婚する。キャサリンの性格も手伝って、しだいに生徒を前にジョークを飛ばせるようになったチップスだが、キャサリンの出産に際し、母子を失い、再び孤独になる。第一次大戦で生徒や同僚が亡くなり、いったん退職したチップスに校長になるようにとの依頼があり、キャサリンの予言の通り、学校のトップとなり、生徒の指導に励む。以上は晩年のチップスが暖炉の前でうたた寝をする間の夢。どの場面もそうなるであろうという進行で、ありきたりだが、その安定感を賛美する視聴者もいよう。

オトゥールのチップスはそれから三〇年後に制作された。イギリス社会や文化が激変した六〇年代も終わろうとする一九六九年のことだ。

豪華な車と運命 ―『黄色いロールス・ロイス』〔写真家〕

車とその動きに人間の運命が振り回される。車と言ってもこの映画ではロールス・ロイスだから所有者はおのずと限定される。

第二次世界大戦前の欧州、外交官の公爵が妻のために黄色いロールス・ロイスを買うところから『黄色いロールス・ロイス』[8]は始まる。ところがジャンヌ・モロー（1928—2017）演じる妻には夫の部下との関係があり、夫の馬の走る競馬の最中に駐車場のこの車の後部座席で密会をする。それを知った夫は、即刻、車を手放す。その後はわからない。

車はかなりの距離を走った挙句、ジェノヴァ[9]の販売店に展示される。それを見たマイアミのボスが婚約者にねだられ購入。車はフィレンツェに向かう。観光地で写真を撮って暮らす男が登場する。どこかで見た顔、だれかに似ていると思うと、これが若き日のアラン・ドロン。ボスの部下の運転手を含め、四人でローマに向かう。フォロ・ロマーノを通り宿に着く。とボスが急用でマイアミに一時戻ることになり、部下と婚約者が残される。婚約者は写真家のいる街に遊びに行きたいと言い、部下もしぶしぶ従う。その町の広場で写真家と再会し、恋に落ちる。ボスが戻ってくる。ボスが戻り、婚約者は、写真家の命か、ボスとの生活かという選択を迫られる。

9　イタリア、ジェノヴァと言えば、建物の家の色は黒と白の石の色だ。ディケンズがイギリス訪問の基地とした土地で、通りは狭い。

8　**映画『黄色いロールス・ロイス』**
原題：*The Yellow Rolls-Royce*
公開：1964年
監督：アンソニー・アスクィス
出演：イングリッド・バーグマン、レックス・ハリソン、シャーリー・マクレーン、ジャンヌ・モロー、アラン・ドロン他
製作国：イギリス

動く箱の中の人生と映画

結局、車という動く箱が主役だ。動く箱はいろいろある。たとえばアガサ・クリスティー（1890―1976）の『オリエント急行殺人事件』（1934）の一両の車両。さらにその一両はコンパートメントというくいくつもの箱に細かく区分けされており、そのうちのひとつで事件が起こる。大西洋横断単独無着陸初飛行を成し遂げた飛行士・リンドバーグの身におきた悲劇[10]に着想を得た作品だ。

動く閉ざされた箱の数は多い。『戦下の勇気』（1996、メグ・ライアン主演）の戦車やヘリコプター、『エリザベス　ゴールデン・エイジ』（2007、ケイト・ブランシェット主演）の帆船、『マーフィーの闘い』（1971、ピーター・オトゥール主演）のUボートというドイツの潜水艦、『天国への階段』（1946、デヴィッド・ニーヴン主演、四章96頁参照）のランカスターというイギリスの爆撃機、『ソラリス』[11]（2002年、ジョージ・クルーニー主演）の宇宙ステーションと無数にある。場所、土地が作品の舞台になるように、移動する空間、移動する箱、馬車から飛行機、そして宇宙船まで小説や映画の舞台とな

10　リンドバーグの長男の誘拐事件。1932年、リンドバーグの長男が誘拐され、犯人は身代金を要求、交渉は続いたが長男は死体で発見された。
11　原作はスタニスワフ・レムのSF小説『ソラリスの陽のもとに』（1961）。最初の映画化はソ連のアンドレイ・タルコフスキー監督による『惑星ソラリス』（1972）。

る。[12]

そうして時代を縦覧すると、今では古典の域にあるチャールズ・ディケンズが、馬車や鉄道の描写にことのほか力を入れていたことに思い至る。それを踏まえてか、ディケンズの映画化作品も、馬車や鉄道をていねいに撮る。[13]

列車という優れて十九世紀的乗り物はドストエフスキーの『白痴』（1868）の冒頭のロゴージンとムイシュキンに会話の場を提供もすれば、二〇世紀にはヒッチコック監督『見知らぬ乗客』（1951、特別版）のヘインズとモートンに交換殺人のきっかけを与えもする。『オリエント急行殺人事件』にはアルバート・フィニー主演（1974）とケネス・ブラナー主演（2017）の二つのヴァージョンすらある。そして二十一世紀には『レイルウェイ　運命の旅路』（2013）で、ニコル・キッドマン演じるパトリシアとコリン・ファース演じるエリックの男女を出合わせる場としても使われる。

列車は半ば閉じられ半ば開かれた空間が推理小説に絶好の場を提供してきた。そして見知らぬ人物どうしを出合わせる格好の舞台として、小説でも映画でも機能してきた。[14]

12　このほかにも閉所の恐怖を描く『メンフィス・ベル』（1990、マシュー・モディーン主演）のイギリスのB17爆撃機、『聯合艦隊司令長官 山本五十六』（2011）で山本役の役所広司が登場する一式陸上攻撃機、戦闘機の幽閉感覚を伝える『トップガン』（1986、トム・クルーズ主演）、『インターステラー』（2014、アン・ハサウェイ主演）の宇宙船。

13　『鳩の翼』に至ってはロンドンの地下鉄も出てくる。二章62頁参照。

14　『英国鉄道文学傑作選』（小池滋編、ちくま文庫、2000）といったアンソロジーまででき上がる。

メディアのもつ力 ―『ビギナーズ』『血を吸うカメラ』〔写真家〕

『黄色いロールス・ロイス』で写真家が出てきたので、あと二人、映画の中の写真家を紹介する。映画『ビギナーズ』は拙著『引用と借景』[15]（2018）でかなり詳しく触れた。

もうひとつの『血を吸うカメラ』[16]は引き気味になる邦題で、原題の*Peeping Tom*（覗き見をする男）にしても穏やかなタイトルではない。次に何がおこるかわからないという突飛な作品が多く生まれた一九六〇年初頭の公開で、その内容は深刻だ。

ある家に越してきた母と娘、その大家の青年、主人公のマークは家を父親から譲り受けていた。趣味は映画の撮影で、被写体を求めては街中でもカメラを回してはばからない。このあたり、二十一世紀の現代であれば、職務質問を受け、事情を聴かせてもらいたいと言われるシチュエーションだが、今から半世紀以上前のイギリスを舞台にした物語だ。

マークは娘に近づき、話がスリラー風に展開する。マークの部屋で機器や映像を娘が見せられる部分は、ヒッチ

15　映画『ビギナーズ』（公開：1986年、監督：ジュリアン・テンプル、原作：コリン・マックィネス）。1958年のロンドン・ソーホーを舞台にジャズとダンスに熱中するティーンたちの青春群像をミュージカル風に描いた映画。主人公の青年コリンは写真家。

16　映画『血を吸うカメラ』
原題：*Peeping Tom*
公開：1960年
監督：マイケル・パウエル
出演：カールハインツ・ベーム、モイラ・シアラー他
製作国：イギリス

コックの作品を観ているときと同様の戦慄に似たものを覚える。都会の暗室にこもるマークを取り囲む環境に緑の映像はない。主人公マークは窃視症に悩んでいるが、当初それにも気づかない。そこにカメラという当時隆盛した道具が加わり、マークの行動は過激になる。マークの衝動の理由は当初から明らかで、生物学者の父親が恐怖に囚われた状態の人間に関心があり、息子のマークを怖がらせては撮影をしていた。息子マークは父の遺したフィルムのコレクションを見返しては、恐怖におののく。マークに関心のある階下の住人ヘレンはデートの時にはカメラを持ち歩かないでと懇願する。道具が人の行動を規定し、人の性格の形成にまであずかる。

人は道具に囲まれている。車から、武器に至るまで。作家の家を見学すると作家の道具が展示してある。日本の作家であれば、ペンとインク、サインペン。取材のためのカメラ。イギリスの作家の家であれば、デスクやタイプライターなど。人と道具との折り合いがよければ、作品が生まれ、感動が生まれる。悪くするとマークの場合のようになる。ありふれた道具に潜む危険性を父親の生きていた一代前に遡って検証するこの作品はカメラに映るものだけではなく、道具のはらむ危険性にまで及ぶ。

映画が発達し、テレビが個人の自宅に行き渡り出したころという時代背景を考えれば、撮ること、撮る人間のありよう、そして映画『欲望』[17]のようにたまたま映り込んでしまったものへの戸惑いと

17　一章17頁参照。

いったものへの関心が強まるのも無理はない。レイモンド・ウィリアムズ（1921―1988）の著書『テレビジョン　テクノロジーと文化の形成』が二〇二〇年に日本で翻訳されたことに、テレビの終焉との符帳を感じる。

映像の世紀に消えるもの――『華氏451』〔消防士〕

トリュフォー監督の『華氏451』[18]は紙の燃えだす温度を指す。レイ・ブラッドベリのSF小説[19]が原作で、時の権力が本を焼く。焼く任務を担うのが、火を消すのが本業の消防隊が行う点が皮肉だ。本は灰色に、そして黒焦げになる。この作品でわかりにくいのは最後に本を愛する人々が選んだ場所だ。喧噪の都市、コンクリートの都市ではなく、緑あるところ。そこまではよいとして、森は寒々としている。かれらはいったい生活の糧をどのように得ているのか。それとも有り余る資産家が本好きの逃避の場をユートピアとして維持しているのか。財産の没収はないのか。疑問はつきぬものの、本がないと生きてゆけない人がどこの国にもおり、本を読み続ける場としてのユートピアを夢想し続けていることも確かだ。

19　最新邦訳は、『華氏451度〔新訳版〕』（レイ・ブラッドベリ著、伊藤典夫訳、ハヤカワSF文庫、2014）。

18　**映画『華氏451』**
原題：*Fahrenheit 451*
公開：1966年
監督：フランソワ・トリュフォー
出演：オスカー・ウェルナー、ジュリー・クリスティ他
製作国：イギリス

第六章　映画化された古典を観る

時代を越える文芸作品

グウィネヴィアとアーサー王の映画群 ―『キング・アーサー』

文芸作品は時代を越える。夏目漱石を読み直して新しいと感じるように、イギリスにも読み直して新しいと感じる古典はたくさんある。古典を原作とする映画もある。視聴者が新しいと感じるようにつくられている。

イギリス映画のなかで文芸作品の存在は大きい。主要な作家を年代順に並べ、かれらの作品は映画化されているかと調べれば、かなりの映画作品に出あうことができる。しかもそうした作品は年々質的に向上している。著者がイギリス小説を読み始めたころは数も少なかったので想像によることが多かったが、たとえばディケンズの『われらが共通の友』の映画を観てそこそこ理解できていたと思えた。文字だけの時代でも理解ができ、映像の時代でさらに理解がすすむのだから、それはそれで意味があるというのが今の心境だ。

映画『キング・アーサー』[1]（2004）の時代設定はアーサー王のころ。[2]ながらくローマの支配下にあったブリテン島で、ハドリアヌス帝の壁の北側からの攻撃に備え

1　**映画『キング・アーサー』**
原題：*King Arthur*
公開：2004年
監督：アントワーン・フークア
出演：クライヴ・オーウェン、キーラ・ナイトレイ、ヨアン・グリフィズ他
製作国：アメリカ、アイルランド、イギリス

2　5世紀後半から6世紀初頭のころ。

るローマの司令官アーサーと円卓騎士たちであったが、ついに、ローマは引き上げることになる。アーサー、ランスロット、ガウェイン、そして囚われていた王妃グィネヴィア（キーラ・ナイトレイ）[3]がサクソン軍と死闘を繰り広げる。自分たちが建国の礎となる。

カズオ・イシグロ（１９５４—）の『忘れられた巨人』［船頭］（２０１５）は、アーサーが亡くなったあとの世界を描いている。このあたりは日本からはわかりにくいが、イギリス人は自国の身近な歴史と感じる人々も少なくない。[4]

「円卓」というのは権力の椅子の配置や視点に関わる問題につながり、当時、「円卓」が取り入れられたこと自体、画期的なことだったのかもしれない。座る位置は、たとえばオフィスの机の配置、会議の机の配置にも読み取ることができる。[5]ただしオフィスに自分の机がなくノートパソコンを持って常に移動する働き方も生まれ、それがコロナ禍で加速したり、また、リモートワーク導入の影響で人と空間の関係に経験してこなかった要素が入り込んでいる。机や椅子の配置はいつも模索

3　俳優の声を聴くという英語学習のしかたがある。雑誌『イングリッシュ・ジャーナル』（２０１3年8月号）には当時の映画新作『アンナ・カレーニナ』（２０１２）について、アンナを演じるキーラ・ナイトレイ自身が語る音声が付いており、翻訳もされている。他の号にもイギリスの俳優が多数登場し、映画の台詞とは異なる表現に接することができる。

4　ロバート・テイラーとエバ・ガードナー主演のリチャード・ソープ監督映画『円卓の騎士』（１９５３）、ナイジェル・テリーとヘレン・ミレン主演のジョン・ブアマン監督映画『エクスカリバー』（１９８１）、チャーリー・ハナムとジュード・ロウ主演のガイ・リッチー監督映画『キング・アーサー』（２０１７）などを観るにつけても、その思いを新たにする。

5　ミシェル・フーコーは『監獄の誕生　監視と処罰』（１９７５）で功利主義のベンサムが設計した監獄を例に、全席を隔離しつつ、また、見えない中央から一望で監視する配置により支配的権力を浸透させるシステムを「パノプティコン」と呼んでいる。

の途上にあるのもたしかだ。

グィネヴィアの名は、ウィリアム・モリス描く「王妃グィネヴィア」やダンテ・ガブリエル・ロセッティ描く「アーサー王の墓：ランスロットとグィネヴィア最後の密会」で知られている。

かつてトマス・マロリー（1399―1471）の中世英語で書かれた『アーサー王の死』を現代英語に直しながら読むという授業を受けたことがある。ただ表記がおもしろく、何かのためになる、ならないということをあまり考えずに、記号を読み解くかのように作品を楽しめた時代のことだ。

ウィリアム・モリス「王妃グィネヴィア」
（La Belle Iseult）
William Morris, 1858, Tate Britain
Bequeathed by Miss May Morris 1939, PD-Art

勇気の意味 ―『ベオウルフ／呪われし勇者』〔戦士〕

映画『ベオウルフ／呪われし勇者』（2007）の色彩の基調は黒ないし灰色、雪の白も入る。フロスガール王（アンソニー・ホプキンス）の治めるデーンの国の宮殿は宴たけなわ、酒池肉林のありさまだが、緑はなく、その宴の場ヘムロットも黒や灰色が支配する。と、いきなり怪物が乱入し、王の家臣をつかみとっては殺し、時にはその場で口に入れる。デーンの国はこうして沼地に住む怪物グレンデルの乱入にいつもおびえてくらしている。この事件は吟遊詩人たちの口で各地に伝わり、それを聞きつけた腕におぼえのあるものが怪物退治に繰り出すが、成功の試しはない。嵐のなかを進む船に部下を引き連れ、デーンの国に上陸、フロスガール王に拝謁をもとめたベオウルフもそうした勇者たちのひとりだった。長旅の疲れをこれまた宴で癒していると、またしてもグレンデルが乱入し、ベオウルフと格闘の末、片腕を落として逃げ去る。ここまでは学部の学生のころ聞き知った内容とほぼ重なるが、その後が、映画ならでは特撮ならではの展開でリアリズムは消える。グレンデルの逃げ帰る洞窟にアンジョリーナ・ジョリー演じるグレンデルの母が現れるに至って、頭を切り替える必要に迫られる。宮殿の格闘の場面から、ベオウルフは人間離れした跳躍力を示し、この作品がファンタジーの系譜に足を踏み入れているとわかる。

そこで忍足欣四郎[6]訳『ベーオウルフ—中世イギリス英雄叙事詩』[7]を読み直す。修士課程に入り古英語で書かれた作品の一部を輪読した。著者が参加したときは七〇〇行を過ぎたあたりで、博士課程の先輩たちがゆっくりと味読している姿を目にしてたじろいだものだ。その時は自分の生活を維持するということと『ベオウルフ』を原語で読むということの距離感を意識し、身に付かなかった。しかし、作品の主役にあってても原題にあってても「勇気」といったことばには重い意味が備わってい

6　中世英語、英文学者。東京都立大名誉教授。1932—2008。
7　岩波文庫・赤275—1、1990、「スカンジナヴィアの伝説を題材に、英雄の武勇を力強くうたいあげた古英詩の記念碑的作品、待望の新訳」。

ることを、その後の人生で再三感じ取ることができるようになった。

雨宿の旅人たちの物語 —『カンタベリー物語』［イギリス中世の人々］

十四世紀のイギリスの詩人、ジェフリー・チョーサーの名作『カンタベリー物語』を映画化した[8]のがイタリアの映画監督パゾリーニだ。原作同様、さまざまな職の人々が登場する。どうして多様な人々が集まったのかという点に説得力を与えているのは、巡礼に向かう一行がロンドンのサザークの旅の宿で同宿になったという設定にある。ふだんは顔を会わせることのない人々がそこで一同に会する。

かれらはこれからサザーク→ダートフォード→ロチェスター→チャタム→シッティング・ホーン→フォーバーシャム→カンタベリー[9]と旅をし、十二世紀に命を落としたトマス・ア・ベケットをお参りする予定になっていた。たが天候

8 邦訳に『完訳 カンタベリー物語（上・中・下）』（ジェフリー・チョーサー著、桝井迪夫訳、1995）がある。

9 一行が到着することのなかった県と州カンタベリーに著者が旅行した際、『カンタベリー物語』の博物館を見学した。中に入ると、この物語にまつわるさまざまな資料が展示してあり、作中人物の人形まで飾ってあった。

8 映画『カンタベリー物語』
原題：*I racconti di Canterbury*
公開：1972年
監督・脚本：ピエル・パオロ・パゾリーニ
出演：ヒュー・グリフィス他
製作国：イタリア

に阻まれこれ幸いと宿の主は、退屈しのぎに、客にみなのまえで話をしてもらえないかと促す。雨のなか宿の中は灰色の世界。こうした物語の構成のなか、はじめにプロローグというものがあり、客のひとりひとりの特徴が短く、しかも的確に表現されている。典型的と形容することはたやすいが、典型でありながらどこか典型を越えているところが、読みどころであり、観どころだ。

歴史の英雄譚―『アイバンホー』〔騎士〕、『タイタス』〔皇帝〕

『アイバンホー』はW・スコットの十九世紀の作品で、イギリス中世の英雄騎士物語だ。その映像作品は五時間以上もあるＢＢＣの長編ドラマ。[10] だがその長さが気にならぬほどの展開が待っている。十二世紀ヨーロッパの様子が再現されている点が興味深い。シェイクスピアの歴史ものなどを観る契機となる。ピーター・オトゥールやキャサリン・ヘップバーン、そしてアンソニー・ホプキンス

10　テレビシリーズドラマ『アイバンホー』
原題：*Ivanhoe*
放映：1997年
監督：スチュアート・オーム
出演：ヒスティーヴン・ウェディントン、スーザン・リンチ他
製作：イギリスＢＢＣ

『カンタベリー物語』の壁画
（エズラ・ウィンター作、1939、アメリカ議会図書館収蔵、PD-Art）

の『冬のライオン』にもつながる。ＢＢＣから出ている関連作品の解説が、次に観る作品を選ぶのに参考となる。

『タイタス』（１９９９）も三時間近くの大作映画だ。シェイクスピア作品の映画について本気で語り出すと、何冊もの本になってしまうだろう。実際、解説書の数も切りがない。著者の頭の中心にはいまだに、名画座で観たローレンス・オリヴィエの『ハムレット』、ジョン・フィンチの『マクベス』、ヴェルディの『オセロ』、ユーリ・ヤルヴェットの『リア王』などがあり、新しい作品を探しては観てみるものの、感性のゆたかだったそのころの作品にどうしても戻ってしまう。

十八世紀のイギリス❶ ―『トム・ジョーンズの華麗な冒険』

十八世紀の作家ヘンリー・フィールディングの『トム・ジョウンズ』[11]を読めば、セダン・チェアがどんなものかということから、オールズワージーの屋敷の様子までわかる。ジェイン・オースティンの作品はワーテルローの闘いのころに書かれたが、『トム・ジョーンズの華麗な冒険』[12]の世界では平穏で緑豊かだ。トムとソフィーはオールワージー氏という名前からしてありがたそうな主の屋敷の緑のなかですくすくと育つ。偽善、駆け引き、陰謀、嫉妬などなんでもありのロンドンの仮面

11 邦訳では『トム・ジョウンズ（一〜四）』（全4冊、朱牟田夏雄訳、岩波文庫、１９７５）がある。

12 原題：Tom Jones、公開：１９６３年、監督：トニー・リチャードソン、出演者：アルバート・フィニー他、製作国：イギリス。

舞踏会の対局の世界だ。生活がたいへんという場面も出てくるが、映画監督のマイク・リーが映画『ピータールーマンチェスターの悲劇』[13]で描いたマンチェスターの婦人たちのそれとは距離がある。

十八世紀のイギリス❷—『モル・フランダーズ』

映画『モル・フランダーズ』[14]の同名の原作[15]は『ロビンソン・クルーソー』のダニエル・デフォー（1660—1731）で十八世紀に書かれた。十九世紀に出た因果律にしばられた数々の作品とは異なる。作品は展開が場当たり的で、そういう展開を典型とする作品はピカレスクロマン[16]と呼ばれる。

映画冒頭、獄につながれた女性モルを一目見ようと人々が集まる。獄中でモルは処刑を待っている。そこからモルの生涯の物語が描かれる。モルは獄中で生まれた。孤児となり、ジプシーの流浪の旅に加わり、やがてとある市長に引き取られ、市長の二人の兄弟と二人の姉妹とともに育てられ

13　イギリス・マンチェスターで1819年に起きた「ピータールーの虐殺」描いた作品。

14　原題：*Moll Flanders*、公開：1996年、監督・監督：ペン・デンシャム、出演：ロビン・ライト、モーガン・フリーマン他、製作国：アメリカ

15　邦訳に『モル・フランダーズ（上・下）』（伊澤龍雄訳、岩波文庫赤208—3・4、1968年）がある。

16　『ラサリーリョ・デ・トルメスの生涯』がその代表だ。もっとも十九世紀などでも、ディケンズを例にとれば、『デイヴィド・コパフィールド』といった原因と結果が明確な作品にも、ピカレスクロマン的人物としてミコーバー氏といった人物が登場し、それが妙に、読者をとらえることがある。モルはあと二人の男性と結婚する。

映画『モル・フランダース』

る。もっとも、日々召使の仕事をし、許されたときだけ同じ食卓につく。兄弟の兄と関係ができるが、弟がモルに夢中になり結婚する。二人の子どもができ、五年後に夫は亡くなる。子どもは夫の祖父母に引き取られ、少しの遺産でロンドンに出て男と結婚するが、乱費の末、窃盗で監獄に。そこで船長と結婚し新大陸のヴァージニアに渡るが、という女性の波乱万丈の物語。

十八世紀のイギリス❸—『ガリヴァー旅行記』

『ガリヴァー旅行記』（1726）は、日本ではシェイクスピアより子どもたちに知られているかもしれない。ジョナサン・スウィフト（1667—1745）のこの小説を原作にした、ジャック・ブラック主演の映画『ガリヴァー旅行記』（2010）は、大きな笑いから小さな笑いまで詰め込まれた独特の作品になっている。出版社のメール係のガリヴァーは自分に自信がなく、好きな相手のダーシーを食事に誘うこともできない。そんなガリヴァーに誰も行き手のないバミューダ島取材の話が持ち上がり、嵐の末に辿り着いたのはリリパット王国。[17] 王国は、原作同様、敵国との闘いに明け暮れているが、ガリヴァーの助けで勝利する。やがてダーシーもリリパットに漂着。ガリヴァーはついに自国リリパットを裏切ったエドワードと対決することになる。大小の笑いの連続に時に困惑を覚えるものの、巨人の国でのガリヴァーの境遇を見るにおよび、ひとつの国の常識の普遍性に疑念が

17 『メリー・ポピンズ　リターンズ』（150頁参照）のエミリー・グラントがリリパット王国の姫を演じる。

わく。

ジェイン・オースティン作品の映画❶—『マンスフィールド・パーク』

イギリス屈指の大作家ジェイン・オースティンについては折に触れ語ってきた。ここではかの女の生涯ではなく、作品とその映画化作品に触れておく。翻訳は筑摩書房から文庫で中野康司訳[18]がすべて出ていて、オースティン作品の後半のスピード感がよく表現されている。

ジェイン・オースティンの作品の時代設定は十八世紀末から十九世紀はじめにかけてのことだからいわば時代劇だ。衣装も今とはうってかわり、特に女性のそれは動きにくい。日本はそのころまだ江戸時代だった。江戸時代に設定された映画はすぐ時代劇とわかるが、オースティンの世界は外国であるためか、なにか近いように感じてしまうから不思議だ。

オースティンの小説のおもしろさは、作品後半で一気にそれまで書かれてきたいろいろなもの、つまり、作中人物の個性、感情、知性などが結びついてひとつにまとまるところで、最後のほうは、読み終えるまでほかのことが手につかぬほどになる。読み終えたら読み終えたで、次のオースティン作品を手にとりたくなる。その英語は外面の描写と人の内面の描写のバランスがとれ、美しい。

18　たとえば『マンスフィールド・パーク』（中野康司訳、ちくま文庫、２０１０）がある。

『マンスフィールド・パーク』
（ちくま文庫）

どうしてそうなるのか。こうであろうという読者や観客の予想を原作者が見事にひっくり返しているからだ。

『マンスフィールド・パーク』（1811—13）の映画（1999）。パーク、つまりカントリー・ハウスは緑豊かな場だ。[19] そこに引き取られたファニー・プライスは、里帰りを主から促され、実家の灰色の世界を垣間見て、緑の世界の幸福を思い知る。海外出張をする主のいぬ間にマンスフィールド・パークの若者たちが素人演劇をしようと企画するが、主の突然の帰宅に芝居の話は雲散霧消する。これにはどうも作家ジェイン・オースティンの芝居感が投影していたようで、芝居も役者もオースティンのなかではかの女の描きたかった真実とは距離があったようだ。

ジェイン・オースティン作品の映画❷——『ノーサンガー・アビー』

『ノーサンガー・アビー』の冒頭は緑の中、木の上で本を読む姿で少女キャサリンは登場する。学生時代に都内のＪＲ山手線の電車に乗り文庫本を読むのも悪くないが、緑の木立の中での読書はかなりの贅沢だ。

緑の中のピクニックはオースティンの作中人物の男女ともに大の楽しみだった。ディケンズでも男女ともにピクニックをよく楽しむ。年長者も同行する。屋内の夜のダンスパーティで目にする異

19　グウィネス・パルトロー主演の『エマ』では緑のなかでエマが矢を射る場面が記憶に残る。

性たちとはまた別の側面を、男女ともに昼のピクニックで観察することができた。だからピクニックや遠足はイギリス小説に多い。[20]

ジェイン・オースティン作品の映画❸—『いつか晴れた日に』〔牧師〕

『いつか晴れた日に』はダッシュウッド氏の他界にともない、妻と娘三人が家を出てコテージに住むというところから始まる。その過程でいろいろな恋愛関係が進展する。エマ・トンプソンはこの作品を原作にした映画[21]の脚本を手掛け、脚本部門でアカデミー賞を受賞する。

映画は喜劇的な笑いの宝庫だ。エドワードを演じているのはヒュー・グラント。エリノアを演じているのはエマ・トンプソン。このふたりの作中人物の緊張関係が主筋だが、小説の段階では俳優はいないから、余分な笑いは生じない。しかし、こうしてふたりの俳優が並ぶと話は別だ。

基本的にジェイン・オースティンの物語は結婚に終わ

20　エリザベス・ギャスケルの『北と南』など、一組の男女の遠足の場こそにクライマックスがあると読む読者もいよう。余談になるがディケンズのピクウィック氏という名前などピクニックと誤読してもニュアンスに大きなずれはないとみえる。実際、ピクウィック氏は退職後、三人の仲間を連れて、イングランド見分の旅に出て、それをクラブの本部に送る。少なくともそのような体裁の作品になっている。

21　**映画『いつか晴れた日に』**
原題：*Sense and Sensibility*
公開：1995年
監督：アン・リー
脚本：エマ・トンプソン
出演：エマ・トンプソン、ケイト・ウィンスレット、ヒュー・グラント他
製作国：イギリス、アメリカ

るのだから喜劇になるが、その喜劇のなかで、いくつも予想のつかぬことがおこる。たとえば作中人物エリノアが、牧師を志すエドワードとルーシーが結婚してしまったと思い込むところ。妹のマリアンヌがウィロビーとかならず結婚できると思い込むところ。よくよく観ると、かの女たちにふさわしいのは、やはり終盤での結婚相手だとわかるが、そこに至る作家の語り口が決して説教臭くない。

それはそれとして、この作品では脇役が実に面白い。あたかもエリノアやマリアンヌの心の叫びを代弁するかのように夫を亡くし独り身の裕福なジェニングス夫人、これまた時間を持て余しているサー・ミドルトンといった脇役たちに存在感がただならぬ。かれらは若い独身者たちを見れば、適当な相手を探そうと奔走する。本人たちがよかれと思って、さまざまな引き合わせをし、悪意は見当たらない。ひたすら好奇心のかたまりという人々で、かつて自分でも経験した若い人々の心の動きを覗いてみたくてしかたない。

ジョージ・エリオット作品の映画 —『ミドルマーチ』〔慈善家、治安判事〕

このふたりを観ていてふと気が付いた。ジェニングス夫人は、ジョージ・エリオット[22]原作のBBCのテレビドラマ『ミドルマーチ』[23]で同様のキャラクターのカドウォラダー夫人を演じたエリザ

22　エリオットについては『アダム・ビード』、『フロス川の水車』、『サイラス・マーナー』、『ダニエル・デロンダ』なども映画化されている。

ベス・スプリッグス、サー・ミドルトンは同じ作品のなかでブルック氏を演じたロバート・ハーディだ。こういう俳優なくして十九世紀イギリス小説の世界の映画化作品は成り立たない。『ミドルマーチ』のドラマでエマ・トンプソンが主演ならば明るさに過ぎよう。ＢＢＣ版のヒロインはジュリエット・オーブリーで、作品全体の重々しい雰囲気に合う。

ディケンズの代表作『荒涼館』、『リトル・ドリット』、『われらが共通の友』にエマ・トンプソン演じる喜劇とその巧みさは合わないのではないか。まして『大いなる遺産』などは。ディケンズも喜劇の人だが、エマ・トンプソンの出す喜劇の雰囲気とは異なる。結論から言うと、かの女の演じる女性像がヴィクトリア朝の小説世界には明るすぎる。オースティン作品に登場する才気煥発の女性たちにはそれがぴたりと合う。ヴァージニア・ウルフと同時代を描いたフォースターの作品に登場する女性たちともぴたりと合う。

『ミドルマーチ』のドロシア・ブルックなどは、聡明であることは間違いないが、生真面目すぎるし、世間知に疎い。ディケンズが『荒涼館』で描くエスタ・サマソンも、『リトル・ドリット』で描くエイミー・ドリットも、『われらが共通の友』のリジーも、生真面目だ。そして生真面目であることがかの女たちの幸福につながった。しかしさすがに一八六五年発表の『われ

22　テレビドラマ『ミドルマーチ』
原題：*Middlemarch*
公開：1994年
監督：アンソニー・ページ
出演：ジュリエット・オーブリー、ルーファス・シーウェル他
製作：イギリスＢＢＣ

らが共通の友』となると、生真面目、即、幸福という雰囲気は作品から消える。また結末に向かうにつれて、十八世紀的雰囲気はもちろんのこと十九世紀的雰囲気も希薄になり、あたかもモダニズムの世界に入り込んだかのような錯覚すら覚える。廃棄物がイギリスの首都や地方をぐるぐると巡っているという状況が金銭やモノの循環のメタファーとして読み取れ、だれひとりとしてその循環にからめとられぬ者はいないという雰囲気が全編を支配しているところがモダンなのだ。

ヒロインのドロシアは学問に憧れ、牧師のカソーボンと結婚し、自らにくびきをかすかのような前半生を送る。おじのブルック氏は地主で、姪のために催すパーティには自らの選挙出馬を意識し、地方都市ミドルマーチの有力者たちを招く。市長のヴィンシー、銀行家のバロストロウドといった面々だ。最後までドロシアの結婚に反対するチェタム卿もいる。ブルック氏もドロシアの希望に流されるままだが、乾杯の場面になり、ドロシアの妹シーリアから、この席の本来の趣旨をほのめかされ、ああ、忘れていたとさえ言ってしまう。

『ミドルマーチ』はさまざまな職業の人々をひとつの作品におさめこんだという点で意味がある。ジェイン・オースティンやシャーロット・ブロンテの作品が女性個人にあったとすると、ジョージ・エリオットは人の集団のなかでの個人を描いた。

E・M・フォースター作品の映画―『ハワーズ・エンド』とエマ・トンプソン

エマ・トンプソンの主演映画を確認すると、イギリス文学の本流のような作品に出ていることがわかる。映画『ハワーズ・エンド』[24]はE・M・フォースター原作の映画で、吉田健一や英文学者の小池滋がそれぞれ翻訳[25]を出している。

主人公は文学や芸術を愛するシュレーゲル姉妹で、姉のマーガレットをエマ・トンプソンが演じ、妹のヘレンをヘレナ・ボナム＝カーターが演じる。[26]マーガレットはふとしたことから実業家ウィルコックス氏の妻のウィルコックス夫人と交遊を深め、フォトナム・アンド・メイソンなどでも婦人のクリスマスの買い物を手伝う。姉妹には親の遺した遺産があり、ロンドンの家に友人を招いて

25　『E・M・フォースター著作集（3）ハワーズ・エンド』（小池滋訳、みすず書房、1994）、『ハワーズ・エンド　世界文学全集第1期7』（吉田健一訳、河出書房新社、2008）。

26　妹ヘレン役で熱演したヘレン・ボナム＝カーターは、同じくフォースターの『眺めのよい部屋』でも好演している。『眺めのよい部屋』については拙著『継承と共有』（三月社、2021）で少し触れた。ジェイン・オースティン的な喜劇で、年配の人々の知恵と、若い人たちの思い込みがバランスよく表現されている。舞台はフィレンツェだ。イギリスの女優ジュディ・デンチが小説家の役で登場し、小説がときに善意、悪意を問わず、不都合なことがらを暴露するという構図を、作品に持ち込んでしまう。しかも理論を使うことなくしてだ。

23　映画『ハワーズ・エンド』
原題：*Howards End*
公開：1992年
監督：ジェームズ・アイヴォリー
出演：アンソニー・ホプキンス、ヘレナ・ボナム＝カーター、エマ・トンプソン他
製作国：イギリス、日本

は婦人参政権など社会問題を議論する。といっても姉妹の住む家の賃貸期限が迫っており、マーガレットは家探しに余念がない。同情したウィルコックス夫人は実の息子や娘をさしおいてマーガレットにハワーズ・エンドという家を遺すと走り書きを残して他界する。夫ウィルコックス氏と息子、娘はこれを握りつぶし、シュレーゲル姉妹の苦難は解消しないまま時が経つ。妹は自分が不幸のきっかけをつくったと事務員バストに同情しているが、やがて一人姿を隠す。バストは先行きあぶないとされる保険会社をやめ、移った銀行でも解雇され、無職。当時の事務職でも代表的な職種だが、鉄道線路からの列車の騒音はなはだしい住まいで女性と暮らしている。ここまでは筋を語っても、読者に迷惑のかからぬところだ。

ではかの仕事に就いているというわけではないマーガレットは何をしているのか。実は次々に降りかかるトラブルの処理をしている。妹の抱えたトラブルを筆頭に、関係者の間を調整し、だれにどこまで話すか、だれに同席してもらうかなどを瞬時に判断し、いろいろなもめごとをおさめる。これがかの女の役どころだ。生前のウィルコックス夫人が昼食会に参加し、話の流れが妙になると、二階でコーヒーにしましょう、というのもかの女なら、息子の引き起こした事件の顛末に茫とするウィルコックス氏を癒すのもかの女だ。世の中には職業上の仕事以外にもさまざまな役割がある。かの女はそれをうまくこなす。

『ハワーズ・エンド』のマーガレットの演じる喜劇性、シリアスも出しながらの喜劇性が似合う。

才気煥発、機転、場のおさめかたがそう感じさせる。マーガレットも妹のヘレンもよく本を読む。議論をする。芸術を愛する。文学を愛する。[27] そういう作中人物に出会うにはあと少し遡ってジェイン・オースティンの作品に辿り着く必要がある。そこでエマ・トンプソンは活き活きと役を演じる。そうであったかもしれない自分を。

ディケンズ・ワールドの映画と職業❶――『デイヴィド・コパフィールド』〔作家〕

『荒涼館』〔職業訓練中の若者〕『リトル・ドリット』〔発明家〕

職業を意識しながら二十世紀や二十一世紀の映画を観ているとたいてい十九世紀イギリスの作家チャールズ・ディケンズへと連想が走る。というのもディケンズの長編には百人以上の作中人物が登場し、そのひとりひとりが職業、仕事を持ち、そうした職業は当時の社会的要請のもとになりたっていたからだ。つまりディケンズ世界のなかに、近代国家で必要とされる職業の原型があると言ってもよい。[28]

27　ディケンズの女性の作中人物も『荒涼館』のエスタのように賢い女性はたくさんでてくるが、本を読む時間があるようには見えない。『われらが共通の友』のベラ・ウィルファーも同様だ。かの女たちは時代の制約のなかで精いっぱい生きることはできるが本を読み自分や社会を客観的に観察する手立てがなかった。

28　ディケンズがイギリス労働者階級や中産階級を描いたのに対し、ウィリアム・メークピース・サッカレーは上流階級の描写に長けている。『虚栄の市』（1847―48）のベッキー・シャープの世渡りの様子、『バリー・リンドン』（1844）は決闘の様子が日本の決闘との違いという観点から興味深い。

『デイヴィド・コパフィールド』のドラマ[29]ではマギー・スミスの好演が光る。デイヴィッドの寄宿する学校の教師のグロテスクな演技が、子どもから見た大人の悪を余すところなく描き出している。

『荒涼館』のドラマ[30]の見どころは、文字で読んでも完全には理解できぬロンドンで初めて落ち合ったエスタ、エイダ、リチャードの姿だろう。もちろん挿絵はあるが、三人が動いているところが面白い。その三人の前にまず現れるロンドンの奇人は、ミス・フライトという「ジャーンディス対ジャーンディス」という訴訟に関係する人物で、いくつもの鳥かごに鳥を、裁判決着の暁には自由にするために今、鳥たちを幽閉するという一読、あるいは一見理解しがたい思い込みに生きている。

『リトル・ドリット』のドラマ[31]では第一部の「貧困」は比較的わかりやすいものの、後半のヴェニスを舞台とする「富」はやや複雑になる。同じ水でもテムズ川とヴェニスの運河では異なる。どちらもここでは緑少なき場として描かれている。

29　1999年のBBCのテレビドラマ。『継承と共有』35―37頁参照。
30　2014年のBBCのテレビドラマ。『継承と共有』38―40頁参照。
31　『継承と共有』40、41頁参照。

31　**テレビドラマ『リトル・ドリット』**
原題：*Little Dorrit*
公開：2008年
監督：リサ・オズボーン
出演：マシュー・マクファディン、レア・フォイ 他
製作：イギリスＢＢＣ

ディケンズ・ワールドの映画と職業❷──『われらが共通の友』〔廃棄物収集業〕

ディケンズの小説の邦題『われらが共通の友』のドラマ冒頭は川が主役となる。その川で父と娘が金目のものをあさる。作品も下ると、今度はテムズ川を上ったところで、事件がおこる。学校教師ブラッドレー・ヘッドストーンがリジーを挿んでの恋敵ユージン・レイバーンを亡き者にしようとするシーンだ。だがこれを目撃していたものがいた。悪漢ロジャー・ライダーフッドで、「石頭」という名前のヘッドストーンの教室に、犯行の物証を持ってやってくる。目撃者ライダーフッドは、ある日、ヘッドストーンの教室を訪れ、証拠の品として川から引き上げたライダーフッドの変装用の服を持参する。生徒たちに川で捕れるれるものは何かと質問し、「魚」と答えるかれらを煙に巻く。[33]

この作品はできるだけ現在にひきつけて鑑賞するといろいろなことがわかる。帝国主義のこと、資本主義の原型のこと、モノの循環のこと、あまたの職業のこと、そして個性のことなどだ。[34]

32 『継承と共有』41、42頁参照。
33 間二郎訳（ちくま文庫）の出る前に毎日はらはらしながら作品を読んだが、この教室のシーンがBBC版でどう処理されているかがいちばん気になった。
34 『エドウィン・ドルードの謎』（1870）の聖歌隊長ジャスパーは阿片窟に通うもうひとつの顔を持っていた。『継承と共有』42、43頁参照。

ディケンズ・ワールドの働きたがらない人々

ディケンズのなかには仕事をしない人がたくさん出てくる。仕事をしすぎる人もたくさん出てくる。真ん中というか中庸というか、適度に仕事と余暇とを振り分けることのできる人のほうがむしろ珍しい。

もちろん最初の長編の『ピクウィック・クラブ』（1836）の四人の紳士、特にピクウィック氏は退職した人だからあくせく仕事をしない。これからは世の中を見なければとみんなして旅に出る。旅芸人のジングルという男がかれら四人にちゃっかり同行し、相伴にあずかる。ここですでにピクウィック氏はジングルに騙されているのであって、退職直後の人をターゲットにしようとするというのは、どうも時代や洋の東西を問わないようだ。

『オリヴァー・ツイスト』（1837）の元締めフェイギンは自分の手を汚さないという意味で働かないが、頭のなかではいつも悪事を考えている。ディケンズの小説のなかに奇妙な建築家がいたことを思い起す。それが『マーティン・チャズルウィット』（1843）のペクスニフだ。かれは作品の主人公マーティンを弟子として迎え入れるが、マーティンに何も教えない。そもそも当人が建築家の仕事をしているようにも見えない。ただひたすら調子のよいことを述べるだけだ。[35]

35　映画『赤い影』（1973）の主人公ジョンは建築家で、教会を修復する仕事でヴェニスへと赴く。

働くのが好きではない人々とバランスをとる意味で働くことが習慣となっている大人も登場する。それは世の中のからくりでもあり、働くことが習慣の大人の存在によって、世の中は成り立っている。クリスマスの時期になると、イギリスでは必ずといっていいほど、サンタクロースと並んで出てくる固有名詞にスクルージという男がいる。『クリスマス・カロル』（１８４３）の主人公で、クリスマス・イヴの一夜にして、夢のなかに出てくる三人の精霊の手によって、みなとクリスマスを祝う人間に変身するという筋立てだ。この中編はそれで完結して絵本などにもなっているから、余計な話と言えばそれまでのことだが、実はこのスクルージを本当の意味で際立たせるには、ディケンズの諸作品の働かない人々との比較が重要になる。いろいろと作品を渉猟し、あれほどたくさん働かない人々がいるなかで、スクルージのように働きまくるおじさんもいるのだということを知ると、その存在すら偉大なるユーモア作家のたくらみのように思えてくる。

ここで「幸福な家庭はみな一様」、「不幸な

スクルージが幽霊の訪問を受ける

『クリスマス・カロル』原本のジョン・リーチのイラスト
（British Library from its digital collections、PD-Art）

家庭はいろいろ」というトルストイ的な言い回しを意識しながらディケンズ世界について言えば、「働く人々はみな一様」、「働かない人々は多様にしておもしろい」と斜めからの見方もできる。

では働かない女性と働く女性もいるのだろうか。『荒涼館』（1852）のエスタ・サマソンは働く女性だ。だからといってつまらないと言うと、それは失礼にあたる。かの女は作品のモラルを担っているのであり、女性たちがみな心優しいエイダ・クレアのように身の周りのことひとつもできないなら生活は破綻する。また『荒涼館』には詩人を名乗るスキンポールという働かない人物がしっかり登場し、ジャーンディス氏に寄生する。

『リトル・ドリット』（1855）のエイミーも働きすぎで、現実にはいないという批判もあるだろうが、あるべき姿というものを示しておかないと作品全体のモラルが崩れる。エスタやエイミーが作品の最後で報われてこそ、読者は安心して本を閉じることができる。他方、エイミーの姉でダンサーのファニーは働くことを嫌がる。父のドリット氏に財産が入るや、仕事を辞めてヴェニスで社交に現を抜かす。父親ドリット氏が姉妹の教育のために雇ったジェネラル婦人は仕事をしない女性の典型で、独身であるドリット氏に取り入ることばかりを考えている。

『デイヴィド・コパフィールド』（1849）には真の意味で働かない人物であるミコーバー氏[36]と、

36　英文学者小池滋は『デイヴィド・コパフィールド』のミコーバーのことばを分析し、「要するに」ということばのあとだけ聴けばよく、それに先行する美文の洪水は無駄と指摘する。つまり言語機能的には無駄ということで、会議中などにそういう言説に悩まされることもままあるだろう。

デイヴィットに実の母親の死を伝えるときにパンをかじりながらという教師のように、一見すると学校で仕事をしているようでその自分の仕事の意味をまったく理解していない働かない男も登場する。

イギリス文学の偉大なるコミック・キャラクター

ディケンズに限らず、イギリス小説、イギリス映画には働かない人々がたくさん登場する。ジェイン・オースティンの『エマ』に登場するウッドハウス氏も、ジョージ・エリオットの『ミドルマーチ』に登場するブルック氏も、どう見ても働くのが好きとは見えない。またブルック氏は働く必要もなかった。若いころにあちらこちらを旅し、ケンブリッジではワーズワース（1770—1850）の在籍期間と重なったというブルック氏は、たいした準備もせずに選挙戦を目指すが、反対派がかれを模した人形を演説会場に持ち込み、挫折する。作品の終わりではまた旅に出ることになり、見送りの姪二人と知人たちに「チェンジ・オフ・エア」と軽口をたたく。作品冒頭からして、ドロシアの婚約者カソーボンが主役の宴で当人たちの婚約を祝う乾杯を忘れるなど、あらゆる場面で的を外すところが働かないことに通じている。そこにおもしろさがある。

かれらコミック・キャラクターはイギリス文学の偉大な産物と言える。ディケンズの描く働くのが好きではない大人は、子どもの視点を十分に活かしたところがある。世の中にはこんな不思議な大人がいる、あんな不思議な大人がいる、そういう感覚で作中人物を次々と描いていく。海のこちら側のイギリスから約千キロ離れた日本の読者は、たとえ大人であっても、ディケンズ作品を読み、イギリスにはこんな人物が本当にいるのかと、まるで子どものように驚く。しばらく読み慣れてくると、待てよ、日本にもいるな、自分の周りにもいるな、果ては自分も傍から見たらそうかもしれないと思いはじめ、複雑な笑いの世界に足を踏み入れる。そこに外国文学の価値がある。

さらにイギリス文学とその映画❶——コリンズ、ブロンテ姉妹、ハーディ、キプリング

ウィルキー・コリンズ（１８２４―１８８９）の『月長石』[37]（１８６８）。学部の学生のころにエヴリマンズ・ライブラリーの細かい字で読んだが、執事ベタレッジの語り口がいやに恭しく冗漫であったという記憶がプロット以上に残り、イギリス文学のひとつの特徴に触れたと感じたものだが、ＢＢＣのドラマ『月長石』[38]は屋敷のかたちもインド人たち三人も、主要登場人物の姿もはっきりとしていて、腑に落ちたという気持ちになる。

ブロンテ姉妹では、『嵐が丘』（１８４７）と『ジェーン・

37　邦訳に中村能三訳『月長石』（創元推理文庫、１９７０）がある。

38　**テレビドラマ『月長石』**
原題：*The Moonstone*
公開：2016年
監督：リサ・マルケイ
出演：デヴィッド・カルダー、スチュワート・クラーク他
製作：イギリスＢＢＣ

エア』（1847）の映画がよく話題になろうが、エミリー・ブロンテの詩[39]を読み直してみるのも時を経ての楽しみとなる。

トマス・ハーディ（1840―1928）では、『テス』[40]（1891）。他に『キャスターブリッジ市長』[41]（1886）、『帰郷』[42]（1878）、『日蔭者ジュード』[43]（1896）、『遥か群衆を離れて』[44]（1874）などがある。また映画『トリシュナ』（2011）は『テス』の舞台をインドに置き換えた作品だ。

ラドヤード・キプリングには、『キム』（1901）があり『ジャングル・ブック』（1894）で名を成した。また、第一次世界大戦で行方不明になった息子に捧げた詩 *My Boy Jack*（1914）を原作としたテレビドラマ『マイ・ボーイ・ジャック』[45]がある。主人公はキプリング自身だ。

講演会場で戦意を鼓舞するキプリングであってみれば、息子の入隊が待ち遠しい。

39　『イギリス名詩選』（平井正穂編、岩波文庫）にエミリ・ブロンテの詞「富は問題にならぬ」がある。2007年のNHKのドラマ『ハゲタカ』のエンディング曲の詞として使われている。
40　2008年、BBCのテレビドラマ。
41　1978年、BBCのテレビドラマ。
42　1994年に映画『帰郷　荒れ地に燃える恋』がある。
43　1996年に映画『日陰のふたり』がある。
44　1967年に映画がある。
45　1997年、BBCのテレビドラマ。

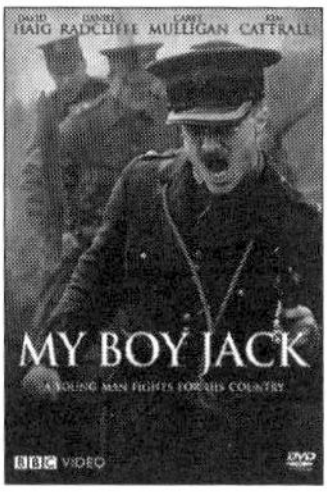

45　テレビドラマ『マイ・ボーイ・ジャック』
原題：*My Boy Jack*
公開：2007年
監督：ブライアン・カーク
出演：ダニエル・ラドクリフ、デヴィッド・ヘイグ他
製作：イギリスＢＢＣ

黄色いロールス・ロイスに乗り、国王の待つ城に出かけるほど、イギリス社会の中枢にいる。しかし息子は視力が悪く小柄でなかなか入隊とならない。父親が手をつくして入隊したのち、ジャックは訓練で部下の信頼を勝ち得る。大陸フランスの地でドイツ軍と闘い、行方不明となる。後半は息子の安否を調べるキプリング夫妻の苦悩に焦点が移る。

さらにイギリス文学とその映画❷ ―ジョイス、ウルフ、ロレンス

ジェイムズ・ジョイスでは『フィネガンズ・ウェイク』（1939）、『ユリシーズ』（1922）、『ダブリン市民』[46]（1914）、『若き芸術家の肖像』（1916）などを原作とした映像作品が揃っている。一九八二年はジョイス生誕百年に当たり、上野学園で生誕百年祭が行われ、『フィネガンズ・ウェイク』の映画も上映された。[47]

ヴァージニア・ウルフでは映画『ダロウェイ夫人』[48]がある。同作の創作過程が描

46　1987年に映画『ザ・デッド／「ダブリン市民」より』、1999年には短編の『アラビー』が映画化。

47　また、アイルランドの女優による『ユリシーズ』の最終章の独白も聴いたが、大学院のころで、わからないならむずかしいと割り切ればよいものを、理解しなければいけないという妙な義務感があった。

48　原作は1925年。映画は1997年。原題：*Mrs. Dalloway*、公開：1997年、監督：マルレーン・ゴリス、出演：バネッサ・レッドグレーブ、ナターシャ・マケルホーン、ルパート・グレイプス他、製作国：イギリス、オランダ。

46　**映画『ザ・デッド／「ダブリン市民」より』**
原題：*The Dead*
公開：1987年
監督：ジョン・ヒューストン
出演：アンジェリカ・ヒューストン他
製作国：イギリス

かれた『めぐりあう時間たち』[49]では三つの挿話の一番目がわかりやすい。『ヴィタ&ヴァージニア』[50]はウルフとヴィタ・サックヴィルウェエストの関係が描かれる。[51]

D・H・ロレンスの『チャタレー夫人の恋人』は複数の映画化作品があり『息子と恋人たち』もある。

さらにイギリス文学とその映画❸—ウェルズ、スティーブンソン

H・G・ウェルズ原作の映画『透明人間』（原作1897、映画1933）はモノクロの映画だが、主人公は薬で透明になるのだから向こう側が透けて見えることになる。その向こう側には暗いロンドンの街が広がるので、灰色や黒が支配する世界に生きている。透明人間の背後に緑が透けて見えるという具合には作られていない。作家H・G・ウェルズが籍をおいていたというブルームズベリーのロンドン大学の建物も黒に近い灰色の煉瓦づくりだ。

50　原題：*Vita & Virginia*、公開：2018年、監督：チャンヤ・バトン、出演：ジエマ・アータートン、エリザベス・デビッキ他、製作国：アイルランド、イギリス。

51　この作品を観たあとに『ザ・ビーチ』（2000）や『スノーピアサー』（2013）に出ているティルダ・スウィントンの『オルランド』（1992）を見直すのもよい。

49　**映画『めぐりあう時間たち』**
原題：*The Hours*
公開：2002年
監督：スティーブン・ダルドリー
出演：ニコール・キッドマン、ジュリアン・ムーア、メリル・ストリープ他
製作国：アメリカ、イギリス

同じウェルズの『タイム・マシン』（原作1895、映画1960）は時間旅行をする科学者の話だ。過去を見、未来を見、そして未来で人間の種族エロイのひとりの女性に惹かれる。未来世界は人間の子孫がエロイとモーロックのふたつに分かれている。エロイは水辺の緑に遊び、何不自由なく楽しく生きて、生産にも関わっていない。ところがサイレンのようなものがなると、エロイは無言で地下に通じる穴に入る。暗黒の地下には目が退化したモーロックが暮らし、エロイを家畜のように食べている。

ウェルズの『宇宙戦争』[52]（原作1898）ではスティーブン・スピルバーグ監督でトム・クルーズ主演の『宇宙戦争』[53]がある。かれはマンハッタン近くの港でコンテナを運搬するクレーンを操作する仕事に就いている。家に帰ると前妻と前妻の夫が、かれと前妻の息子と幼い娘を預けに来る。かれは子どもたちから信用がなく、子どもたちは自分を守ってこなかった父親とそりが悪い。そこにエイリアンとエイリアンが搭乗するロボットが地球を襲い、かれは必至に子どもたちを守ろうとする。

他の映画であれば、トム・クルーズは一人でヒーローら

52　H・G・ウェルズの作品には、『失われた世界』、『透明人間』、『タイム・マシン』、『モロー博士の島』、そして『宇宙戦争』、また同じくSFの父と言われるジュール・ヴェルヌの『ノーチラス号』など中学生のころずいぶんと楽しんだ。

52　**映画『宇宙戦争』**
原題：*War of the Worlds*
公開：2005年
監督：スティーブン・スピルバーグ
出演：トム・クルーズ、ダコタ・ファニング、ジャスティン・チャットウィン他
製作国：アメリカ

しく相手に立ち向かうところだが、ここでのかれの演技は守り一方だ。

SFは「サイエンス・フィクション」の頭文字だが、考えてみれば、「サイエンス」と「フィクション」というかけ離れたものが結びつけるのはかなりの無理がある。その無理を前提に読者は「科学」の「小説」を楽しむ。オースティンやディケンズを読むのとは異なる経験をする。そしてSFの映画[54]も、文芸の映画のみならずしっかりした連続性があることに気づく。大人になってからの鑑賞、高齢になってからの鑑賞の意義は、そうしたいくつもの連続性に気づくことにある。

ロバート・ルイス・スティーヴンソンの『ジキル博士とハイド氏』（1885）は虚構の人格がロンドンを徘徊する。ソーホーも夜ともなれば漆黒の世界だ。一人が二人の人物になる作品だが、二人は同じ建物の別の出入り口をつかう。この小説を翻案した小説『メアリー・ライリー――ジーキル&ハイドの恋』[55]を原作にした映画[56]『ジキル&ハイド』[57]ではさらに謎めいた展開になる。ジュリア・ロバーツ演じるメアリーというメイドがジョン・

54　『2001年宇宙の旅』（1968）、『1984』（1984）、『ブレードランナー』（1982）、『GHOST IN THE SHELL 攻殻機動隊』（1995）、そして『マトリックス』（1988）といった作品を参照。

55　ヴァレリー・マーティン著、五島不二世翻訳、文春文庫、1996。原題：*Mary Reilly*、1990。

56　『ジキル博士とハイド氏』の映画は1931年に作られ、1941年には早くもリメイク版が作られている。

57　**映画『ジキル&ハイド』**
原題：*Mary Reilly*
公開：1996年
監督：スティーヴン・フリアーズ
出演：ジュリア・ロバーツ、ジョン・マルコヴィッチ他
製作国：アメリカ

マルコヴィチ演じるジキル博士の行動に疑問を持つ。執事を初め男性二人、女性三人でジキル博士の家を切り回す様子は、映画というメディアの利点が十分に活かされたかたちで実現している。主人ジキル博士の寝室に長くいたことを執事のピールにとがめられたメアリーが、敷地内に庭をつくることについて話していたと作り話をし、あとでジキル博士がそうであったと話を合わせる。実際、ジキル博士の家は暗く、敷地も灰色や黒の世界で緑がないのかと視聴者も窮屈な気持ちになる。奉公に出る以前、メアリーは父親から虐待を受け、今のジキル博士の屋敷での仕事、そして夜になると横にいる同僚と共有のベッドが安全な場所と実感する。

わからなさとおもしろさ―ヘンリー・ジェイムズの作品とその映画

ヘンリー・ジェイムズの同名の原作を映画にした『鳩の翼』[58]で、ヘレン・ボナム＝カーター[59]は中産階級の女性ケイト役を力強く演じている。新聞記者マートン（ライナス・ローチ）をはさみ、死期の迫った富豪の娘ミリー（アリソン・エリオット）を相手に複雑な感情を表現する。

58　二章62頁参照。ヘンリー・ジェイムズは1843年にアメリカで生まれ、1915年にイギリスに帰化したが翌年死去した。

59　127頁参照。ヘレン・ボナム＝カーターはさらに激しい作中人物ラヴェット夫人を映画『スウィーニー・トッド』の中で演じている。パイを作っては売る商売だが、パイの中身が問題。流刑地から戻った理髪師に二階を貸し、かれを陥れた判事への復讐を助ける。別の理髪師に虐待されていた少年も引き取り、スウィーニーとの海辺の生活を夢見る。ラヴェット夫人の頭のなかの理想の土地は、黒くくすんだロンドン、フリート・ストリートの世界ではなく、緑豊かな世界、そして海辺の世界だ。

『ねじの回転』[60]（1989）は謎に継ぐ謎で、その映画[61]もわかりずらい。家庭教師と子どもたちの関係は、『メリー・ポピンズ』のように常に明るく、楽しく、希望に満ちたものではない。『ジェイン・エア』を見れば、家庭教師という立場は決して安定したものではなく、主人やその仲間から見ると下、使用人たちからみると上という、勤務する邸宅では中間に位置し、教える相手もなかなか言うことをきかない。

『デイジー・ミラー』、『ある婦人の肖像』[62]、『鳩の翼』『黄金の盃』、『ワシントン・スクエア』と映画にするとよくわかるが、観終えると示された解釈に腑に落ちきらない何かがある。しかしジェイムズの作品は、そういう〝わからなさ〟が味で、そこが面白く、そういうものとして受け取る。

また『メイジーの瞳』では別居を決めた夫婦の一人娘メイジーの視点から、両親はじめ大人たちの姿を克明に描く。ヘンリー・ジェイムズには視点という考え方があり、小説の出来事はそこにいる人物にしかわからない。別の場にいる人物がすべてを知っているのは不自然だという考えがある。この映画はそれを忠実に実践し、作品には終始メイジーが登場する。メイジーが目にしていないこ

60　著者はこの作品を学部大学院共通のクラスで読んだことがあるが、その英語も内容の把握にも苦労した。『金色の嘘』も難しいのは英語だけではなかった。

61　複数の映画があるが、最新では『ザ・ターニング』（原題：*The Turning*、公開：2020年、監督：フローリア・シジスモンディ、出演：マッケンジー・デイヴィス他、製作国：アメリカ）がある。

62　最新の映画では『ある貴婦人の肖像』（原題：*The Portrait of a Lady*、公開：1996年、監督：ジェーン・カンピオン、出演：ニコール・キッドマン、ジョン・マルコヴィッチ他、製作国：イギリス）がある。ニコール・キッドマンがヒロインのイザベル・アーチャーを演じている。

とは存在していないも同然という扱いだ。『緑色の部屋』（1978）はフランスのフランソワ・トリュフォーが監督をしているという点で、これまでの作品とは雰囲気が異なる。

諜報と秘密 ―グレアム・グリーンの作品とその映画

諜報員とは命がけの仕事だろうが、コメディー風に描く作品もある。イギリスの小説家グレアム・グリーン原作、キャロル・リード監督の映画『ハバナの男』[63]。キューバ革命以前のハバナで電気製品の輸入販売をしている男の話。ある日、いかにもイギリス人風の紳士が現れ主人公ウォーモルドを諜報活動に誘い、情報網の構築をもちかける。娘の教育資金に困っていたウォーモルドは、仕事の危険に無頓着なまま引き受け、抜けられぬ状況に陥る。結末はややご都合主義的ながら、巻き込まれていくプロセスがよく描かれている。

『落ちた偶像』（1948）もグレアム・グリーンが自身の短編『地下室』を脚本に仕立てた。ロンドンにあるフランス大使館が舞台、大使の両親が不在の間、おさない息子は執事夫妻と過ごす。執事の夫は妻もおばの元に休養に出るというので、秘書を食事に招く。実は妻は大きな屋敷に隠れていて、ことの次第を知るが、階上の縁で足を踏み外し、階下に落下

63　**映画『ハバナの男』**
原題：*Our Man in Havana*
公開：1959年
監督：キャロル・リード
脚本：グレアム・グリーン
出演：アレック・ギネス、バール・アイヴス、モーリン・オハラ他
製作国：イギリス

の末に死亡。医師が来て、刑事が来て、執事が疑われる。大使の息子は、執事や亡くなった妻とそれぞれに交わした秘密を守るという約束に縛られ、刑事や医師に嘘をつく。単純な事実に嘘を重ねていくと、あらぬ話ができ上がる。息子が本当のことを言おうとした時には、あれほど詳しく聞きたがった刑事は聴く耳を持たない。[64]

作品の理解の仕方―イーヴリン・ウォー『回想のブライズヘッド』とその映画

イーヴリン・ウォーの作品 *Brideshead Revisited*（原題）の邦訳は二つある。[65] 二冊の翻訳にはそれぞれの訳者たちの思い入れがあり、それぞれのイギリス文学理解、イギリス理解の結晶となっている。そのようにして、著者の一世代以上前の文学者たちはイギリス文学を捉えていたということがよくわかる。

この作品の映像作品もふたつある。ジェレミー・アイアンズとダイアナ・クイック主演の一九八一年の『華麗なる貴族　ブライズヘッドふたたび』[66]と、母親役をエマ・トンプソンが演じる

64　このほかグレアム・グリーンの作品では、『情事の終わり』（1951）の、最後に二人の男性がセアラの看病をする場面が記憶に残る。
65　イギリスの小説家。イーヴリン・ウォーの1945年の作品。原題：Brideshead Revisited。邦訳では小野寺健訳の『回想のブライズヘッド（上・下）』（岩波文庫、2009）、吉田健一訳の『ブライズヘッドふたたび』（ちくま文庫、1990）がある。
66　全体は11のエピソードに分かれ、DVDで4枚からなる長時間のテレビドラマ作品。

二〇〇八年の『情愛と友情』[67]だ。
『華麗なる貴族　ブライズヘッドふたたび』では、ロード・セバスチャンと妹のジュリアと語り手のチャールズ・ライダーが登場する。語り手は冒頭三十九歳、すでに軍隊生活に嫌気がさしている。ウォーが原作を発表したのが一九四五年。映画のなかのチャールズが軍隊生活を送っていたのが一九四三年という設定。その時点で三十九歳のチャールズが大学入学時代を回想[68]しているのだから、三つの時間が流れている。

この映画の時間で計算すると、チャールズの大学時代は一九二〇年代ということになり、世界の中心がイギリスからアメリカに移り始めた時期だ。もっとわかりやすい作家の名前を挙げれば、アガサ・クリスティの時代と言ってもよい。イギリスがヴィクトリア朝の勢いを失いつつあったものの、まだ十分に余裕のあった時代だ。豪華列車オリエント急行がロンドンからイスタンブールまで走り、雪の中で立ち往生するこの列車一両の乗客のみを作中人物としてクリスティが『オリエント急行殺人事件』

68　この一人称の回想形式は、カズオ・イシグロのこれもカントリー・ハウスを舞台とする『日の名残り』や寄宿学校を舞台とする『わたしを離さないで』にも使われ、イギリス文学では磨き込まれた形式だ。もちろん他の国の文学や映像でも馴染み深い。

66　**映画『華麗なる貴族　ブライズヘッドふたたび』**
原題：*Brideshead Revisited*
公開：1981年
監督：マイケル・リンゼイ＝ホッグ
出演：ジェレミー・アイアンズ、アンソニー・アンドリュース他
制作：グラナダ・テレビ・プロダクション

の舞台に選んだ時代、アメリカのヒーローの悲劇を作家が背景として選ぶことのできた時代、車両にはさまざまな職業の人々が乗り合わせていたという設定が説得力を持った時代を回想している。そう、小説『回想のブライズヘッド』はチャールズ・ライダーの回想なのだ。

チャールズは三つの時間とその環境に身をおく。一つ目はオックスフォード大学の歴史学の学生という環境に、ふたつめはそこから離れた絵の世界という環境、三つめは軍隊という環境に身をおく。もちろん作品を書いているのは作家ウォーなのだからうまい具合に回想ができるし、不自然ではない。

『情愛と友情』では、チャールズ、ジュリア、セバスチャンの三人の若者もさることながら、ジュリアとセバスチャンの父母を演じるマイケル・ガムボンとエマ・トンプソンにも時間が割かれている。父は城を出て妻と別居し、ヴェニスで愛人と暮らしている。母はカトリック教徒としての矜持を保ち、息子セバスチャンの零落を食い止めようとライダーを頼みとする。娘ジュリアは気に染まない結婚生活に入る。冒頭は画家として成功したチャールズとジュリアの船上での再会シーンから始まる。

作品の翻訳者たちの時代に比べて、著者の世代では作品を理解する材料として映像が加わるし、背景舞台の現

67　**映画『情愛と友情』**
原題：*Brideshead Revisited*
公開：2008年
監督：ジュリアン・ジャロルド
出演：マシュー・グッド、ベン・ウィショー、ヘイリー・アトウェル、エマ・トンプソン他
製作国：アメリカ、イギリス

地確認も各段に行いやすい時代になっている。作家イーヴリン・ウォーの後続の作家の作品や映像にも助けられ、またイギリス文学理解も別種のものとなるはずだ。ところが、映像作品を観るときはその映像に引き込まれて、コロリと参ってしまう。ポストコロニアルの文学を読み、インド英語小説を読み、ナイポールやイシグロを読んだあとでも、映像には感心する。あの屋敷の維持にはどれほどの費用がかかるか、あの富の蓄積の背景にはどれほどの帝国主義的営みがあったのか、と冷静に考えれば、疑問はいくらでも出てくるが、コールリッジの「不信の停止」[69]のごとく、まず作品を楽しむという接し方が前面に出てしまう。これははたしてよいことか、よいことではないか、自然なことか、不自然なことか、そうしたことについては、この作品からさらに下り、現代、そして未来を扱った作品を鑑賞するときに改めて考えるとする。

文化は一日にして変わるということはなく、年単位、十年単位、一世代かかることもある。つまり変化以後に生きる人々も変化以前の生き方を抱えこみ、すこしずつ新しい環境に慣れていく。慣れないまま一生を終えることもある。文学の内部でも同様だ。

69　サミュエル・テイラー・コールリッジが1817年に提唱したとされる作品を鑑賞する態度。作品世界に猜疑心を抱かず没入すること。英語では、Biographia Literaria。

ガヴァネスとファンタジー——『メリー・ポピンズ』〔家庭教師〕

わかりにくい話、わかりにくいことを厭わない作品をずいぶん観たところで、不条理とは別世界にあるような作品『メリー・ポピンズ』[70]を観るとしよう。主人公メリーが家庭教師として世話をする子どもたちの父親は英国の銀行員で、作品中、「ブリティッシュ・バンク」の繁栄を歌い上げる。作中の時代は第一次世界大戦直前にあたる。[71]

ジュリー・アンドリュース[72]が演じる家庭教師といっても、学生が行うアルバイトや一定の教室で個別指導を行う教師でもない。貴族や裕福な家に住み込み、私邸で子息子女の教育にあたる人のことで、英語で「ガヴァネス」という。シャーロット・ブロンテの『ジェイン・エア』のジェインはガヴァネスとしての教育を受けたことになっており、またシャーロット自身も牧師の家に生まれ、ガヴァネスとなるべくベルギーで教育を受けた。先に触れたヘンリー・ジェイムズの『ねじの回転』の女性もガ

70　P・L・トラヴァースの原著「メアリー・ポピンズ」を翻案し、ウォルト・ディズニーが製作した、実写とアニメーションを融合させたミュージカル映画。

71　21世紀に日本の鉄道車両がイギリスの緑のなかを疾駆する将来が来るとはだれも予期しなかった時代の話だ。

72　1935—。自伝の邦訳『HOME』（星薫子訳、五月書房新社、2023）がある。

70　**映画『メリー・ポピンズ』**
原題：*Mary Poppins*
公開：1964年
監督：ロバート・スティーヴンソン、ハミルトン・S・ラスク
出演：ジュリー・アンドリュース他
製作国：アメリカ

ヴァネスだ。子どもの教育をあずかるという意味で重要な役割を演じ、召使いより上の立場、しかし主人が歓待する社交場の客人たちよりは下の立場で、屋敷のなかでは微妙な立場にいる。したがって精神的に不安定な状態につながる要素も屋敷内には多々ある。

　ところがこの家庭教師には暗いところが微塵もない。というかそこを出さないように作品は作られている。かの女と作中で歌う煙突掃除屋も底抜けに明るい。子どもが炭坑や煙突で作業をするというヴィクトリア朝のイメージは、ここには出てこない。代わって、子どもの目からだけではなく、大人の目から見ても不可思議な人々にあふれている。そもそも子どもたちの父親の銀行員は英国銀行の繁栄をたからかに歌う。もと海軍にいたらしい老人は、一定の時刻になると船のかたちをした自邸の屋上で空砲を放つ。すべての人々がそれぞれの世界に入り込んでいて、その人物以外の何者にもなりえない。ただひとり家庭教師だけが柔軟性を保ちベッドで子どもたちに「私のお気に入り」[73]を歌う。

本の中の世界から――『メリー・ポピンズ リターンズ』「ナニー（乳母）」

『メリー・ポピンズ』をリメイクした『メリー・ポピンズ リターンズ』（2018）は、かつての映画技術の不可能を可能にした。子どもたちは空を飛び、水中を泳ぐ。基本はメリーと子どもたちの

73　原題：My Favorite Things。のちのジョン・コルトレーンの演奏でも知られるようになった楽曲だ。

交流にあり、やがてメリーは去り、子どもたちは次のステージに向かう。

エミリー・ブラント[74]主演のメリーはある日、子どもの上げた凧に乗って地上に降りてくる。子どもたちは一年前に母親を亡くし、いろいろな失敗をする。陶器の縁の破損もそのひとつ。またもメリーが解決するが、その陶器の中の絵の世界にメリーと子どもたち三人が入り込み、その舞台でメリーが求められて歌い、踊る。自分はチャリング・クロスのおじの元で育ち、読み聞かせをしてもらった、いろいろと本を読み、知識が増え、そのひとつを披露する、と続ける。本はカヴァー、つまり表紙の見た目ではなく、中身こそ大切と反復する。

チャリング・クロスと言えば、そこから大英博物館に近い地下鉄トテナム・コート・ロード駅のほうにのびた道がチャリング・クロス・ロード[75]で、フォイルズ書店や新刊書の書店、そして古書店の立ち並ぶ通りだから、日本であれば、さしずめ神田古書店街のような通りになる。本好きにとっては天国のような場所で、メリーは幸せな少女時代を過ごしたことだろう、なにしろあり余る本の世界の近くに住み、おじに読み聞かせをしてもらったというのだから。

74　エミリー・ブラントではもう一作品、『マイ・サマー・オブ・ラブ』（２００４、日本未公開）が、役の変化という点で興味深い。舞台はヨークシャーの丘から見渡せる谷間の村。寄宿学校の夏休みをタムジン（エミリー・ブラント）は、村から少し離れた広い実家で過ごす。白い馬に乗り、付近を走らせていると、エンジンのついていないホンダのバイクと草の上に横たわる少女モナ（ナタリー・プレス）を見つける。まったくことなる背景の二人の少女はの関係は次第に変化していく。

75　ヘレン・ハンフが『84番地、チャリング・クロス・ロード』で紹介している書店も、『裏切りのサーカス』の原作を書いたジョン・ル・カレの住居もこの通りのパレス・シアターの向いにある。パレス・シアターではずいぶんと長い間『レ・ミゼラブル』が上演されていた。

実は子どもたちの父とおばは、こどもの頃、メリー・ポピンズの世話になっており、同じメリーが返ってきたのだという。父はこれまた銀行に勤めながら、家を抵当にとられ、こまりはてている。これが作品の主筋で、間にいくつかのメリーと子どもたちの冒険世界が挿入されている。リアリズムでは説明のできない世界だ。銀行員、弁護士、頭取、提督と呼ばれる退役軍人、点灯人など、複数の職業の人物が登場する。

階級差と言葉の習得 ―『マイ・フェア・レディ』［花売り娘］

階級差が変だということにはだれしも気づいていた。いや、上流階級は、階級差そのものには気づいていた。中産階級も気づいていた。だからどうするというところで、人々は意見を異にした。ジョージ・バーナード・ショー（1856―1950）は言葉遣いのからくりをいじることで、これを揶揄した。

『マイ・フェア・レディ』[76]に登場するのはイライザというコヴェント・ガーデンで花を売る娘。オードリー・ヘップバーンが演じる。かの女のことばのなまりを直そうと

76　1913年のバーナード・ショーの戯曲『ピグマリオン』が1938年に同名の映画となる。のちに米でミュージカル『マイ・フェア・レディ』で評判となり、これをもとに映画『マイ・フェア・レディ』が作られた。

映画『マイ・フェア・レディ』
原題：*My Fair Lady*
公開：1964年
監督：ジョージ・キューカー
出演：オードリー・ヘプバーン、レックス・ハリソン他
製作国：アメリカ

奮闘するのがロンドン大学のヒギンズ教授で、レックス・ハリソンが演じる。教授はイライザの発音を直そうと、「レイン、レイン、ゴー、トゥー、スペイン」という、日本人の外国語学習者もかつて練習した記憶が共有されているようなマザー・グース風の表現を教える。外国語の習得に苦労する者としては他人事ではない状況と見えてくるから、この映画には楽しさと深刻さが共存している。その奥にはさらに深刻な階級格差という問題が横たわっている。

ナンセンスと救い　—バレエ『不思議の国のアリス』

先に一九六〇年代の作品に触れたが、六〇年代のイギリス映画はいろいろな意味で深刻だ。イギリスが新しい文化を発信したと言えば、時代の明るい面を強調したことになるし、それ以前の人々の不満が一気に表に出て、むしろ社会は混迷を極めたと言えば、暗い側面を強調したことになる。六〇年代には目を覆いたくなるような作品もある。しかしそうした直截的な作品を観るまえに、もう少し、娯楽性、ユーモア、そしてナンセンスで過酷な現実から一歩引いた作品を観ておこう。

英国ロイヤル・オペラ・ハウスで公演されたロイヤル・バレエ団によるバレエ『不思議の国のアリス』[77]は日本でも手に入り、特典映像には字幕がついている。本編は台詞がない。ダンサーの表情と仕草を踊りだけで筋が追えるように作られている。アリス役のローレン・カスバートン（１９８４—）が進行をつとめる特典映像は、かの女が目覚まし時計で目を覚まし、地下鉄に乗り、コヴェント・

ガーデン駅で降りるところから始まる。地上に出ると、ロイヤル・オペラ・ハウスは目の前で、その稽古場で練習が始まる。そこでローレンはアリスになりきる。ルイス・キャロル（1832―1898）の『不思議の国のアリス』（1865）を舞台にのせ音楽をつけるのだから、容易ではない。たとえば、アリスが瓶のなかの飲み物を飲み、身体が小さくなったり、大きくなったりするさまをどのように処理するのか。泣き出したアリスが自らの涙で泳ぐことになるさまは。ところが作品はそのすべてを解決している。

登場人物を一覧し、その中に職業を確認するのも鑑賞を助ける。アリスも姉妹もまだ職業以前。父親はオックスフォード大学のとある学寮長、原作者キャロルは同大学の数学の教授だ。マッド・ハッターも職業。しかしそこから指折り数えていくと、キャラクターは職業で存在しているのではないという領域に入る。

この作品と古典的映画『赤い靴』[78]を比べると、『赤い靴』がオペラの世界に関する説明をも作品のなかに取り入れてしまっていること、いわばメタ・バレエになっていることがわかる。ところがこちらの『不思議の国のアリス』は説明に時間を使わない。せいぜいのところ、最後の

77　**バレエ『不思議の国のアリス』**
原題：*Alice's Adventures in Wonderland*
初演：2011年
振付：クリストファー・ウィールドン
出演：ローレン・カスバートン他
製作：ロイヤル・バレエ団

78　アンデルセンの童話『赤い靴』のプリンシパルとなったバレエダンサーの苦悩を描く。1948年のイギリス映画。

場面で観光客らしき人物を登場させ、アリスの家を写真におさめる。すると、アリスがかれに写真を撮るよう頼み、アリスが作品の外の世界と接触する。観光客は最後にベンチに腰をかけ、そこにおかれた本、つまり『不思議の国のアリス』を開く。最初に作品の外の人物が本を開くのではないところが重要だ。アリスは作品を出る。観光客は作品に入る。

楽しく英語を学ぶには？―『マザー・グース』

『不思議の国のアリス』は、小説、映画、漫画、アニメーションといずれかの入口に立ち、関心を抱く者に、挿絵の世界や絵本の世界への扉を開く。今、思い起こしたいのは、塀の上に得意満面で座り、バランスを崩し下へと落ちるハンプティ・ダンプティの姿だ。この一度観たら忘れ難いキャラクターも「レイン・レイン…」のようにマザー・グースのアンソロジーに収められていて、チェシャ猫やマッド・ハッター―といったキャラクターと子どもたち、いや、大人も含めた読者の喝采を分け合っている。

本書はイギリス映画という入口から入った本なので、ここで英語の学習に触れても、不自然はなかろう。英米のメディアにシェイクスピアやマザーグースからのフレーズが多々引用、援用されている事実があるので、むしろ楽しく英語を学習できる土台として、これらへの言及は英語教育にかかせない。

楽しい学習が資格試験の点数の向上に役だったと話してくれた学生もいる。あるクラスでＢＢＣの短いニュースを聴き取り、空欄四十箇所を埋めるという問題を扱った。高校までで英語を学習したという自覚のある学生が集まっていたが、大方が三十問の正解を出すのに苦労していた。ところがひとり四十問満点を毎回取る学生がいた。まわりはどうやって勉強しているのかと気になった。著者も、自分の学生時代よりも学習教材が各段に進歩したのだろうかと気になり、学習法を差し支えなかったらみんなに披露してもらえないかと、水を向けた。すると、海外のドラマを英語で観て、次にわからないところを日本語で観る、そしておもしろければまた英語を観る、それだけです、という趣旨の答えが返ってきた。周りは驚いた。楽しみながら勉強ができることに驚いた。資格対策の教材を次から次へと解く、四択問題になれる、という答えを予測していたのかもしれない。

　勉強は文字で見ると辛いものの筆頭に来そうだが、本来は楽しいものだ。英語が苦手でも「マザーグースの唄」[79]はおもしろいし、『不思議の国のアリス』の「不思議の国」にも一度は行ってみたい。アニメーションの『となりのトトロ』のさつきやめいを乗せる猫バスが好きであれば、アリスが遭遇するチェシャ猫も好きになれる。好きからの勉強という、これまた不思議な国に入ることができる。世の中捨てたものではない。

79　平野敬一著『マザーグースの唄―イギリスの伝承童謡』（中公新書、１９７２）で、音や楽しみだけでなく、意味の世界を楽しむのもよい。

「マザー・グースのうた」と堀内誠一

谷川俊太郎による「マザー・グースのうた」[80]シリーズの訳詩に挿絵をつけているのは、アートディレクターとして活躍し、フランスにもしばらく滞在した堀内誠一[81]だ。二〇二二年、静岡県三島駅からシャトルバスを使う長泉町のクレマティスの丘にあるビュッフェ美術館で堀内誠一展「堀内誠一　絵の世界」が開かれた。挿絵の数々に加え、ヴェニスやパリの地図が目をひいた。ヴェニスというともすると運河が濁り、サン・マルコ広場に水がかぶり、重要建築物の沈下が心配される人工都市を、堀内は夢の国のように描く。パリにしてもそうだ。まだまだ色彩に乏しかった日本に、堀内は楽しい色彩の世界を吹き込んでくれた。

その堀内にイギリスの童話に付けた一連の挿絵がある。『こすずめのぼうけん』[82]は母親のいる巣から一羽飛び出し、最初は空を飛べるという経験に歓喜する。カラスに会い、ヤマバトに会い、フクロウに会う。

80　「マザー・グースのうた」シリーズは全5集。マザー・グース著、谷川俊太郎訳、堀内誠一絵、草思社、1975―1976。

81　1932―1987。平凡出版（現マガジンハウス）の雑誌のロゴや本の装幀、ポスターのデザインするデザイナーであり、60冊を超える絵本を世に送り出した絵本作家でもあった。

82　ルース・エインズワース作、石井桃子訳、堀内誠一画、福音館書店、1977。

『こすずめのぼうけん』

やがて自分の居場所も、またときに自分がだれであるかもわからなくなり、困惑するものの、飛び続けているうちに、話はめでたくまとまる。

鳥も動物も人間も単独行動の興奮と困惑はその後の回想の対象となる。初めて小学校に通うとき、初めて大学の授業ではなく映画館に行くとき、初めてヴェニスの運河沿いの迷路を散策するとき、初めてパリの大きさに驚くとき、初めてローマの北の玄関ポポロ広場に『イタリア紀行』[83]のゲーテと同様に立つとき。絵本はその「初めて」の結晶を子どもたちに提供する。

83　1816年から1829年にかけて書かれた。邦訳文庫には、岩波文庫版、光文社古典新訳文庫版がある。

第七章　物語への郷愁

一九七〇年代から二十一世紀の作品群

潜水艦の色 ―『マーフィの戦い』［兵士］

一人の兵士が復讐を誓う。第二次大戦で自分の船を沈められ漂流し、やっと独り生き残る。イギリス兵マーフィの闘いを描く映画『マーフィの闘い』[1]、その場所はオリノコ川[2]だ。オリノコ川沿いの村で負傷したマーフィはイギリス人女性医師の手当を受けながら、回復を待つ。と、そこに彼の乗っていた船を撃沈したドイツ軍のUボートが航行してくる。戦争は終わっていた。が、マーフィは復讐を企てようと、急に元気になる。マーフィは潜水艦の位置を特定しなんとか攻撃できないかと試行錯誤する。

潜水艦には緑色の迷彩色が施されている。南米ならではのことだ。潜水艦の内部は狭く、機能重視の空間で灰色が基調と言える。

潜水艦を扱う映画はときにヒットする。『マーフィの戦い』にも登場したドイ

2　ベネズエラの川で河口の先には、偶然の巡りあわせであろうが、ナイポールが高校までを過ごしたトリニダード島がある。子供時代のナイポールの目に写った奇人たちの一人ボガートなどは、ミゲル・ストリートを時々離れ、大陸、この場合はベネズエラで運を試しては、またいつの間にかミゲル・ストリートに戻ってくるのだった。ベネズエラのボガートと「私」すなわちナイポールの関係についてはかれの『中心の発見』（草思社）に収められた「自伝へのプロローグ」に詳しい。

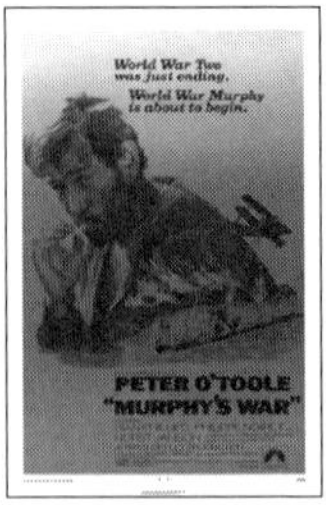

1　**映画『マーフィの闘い』**
原題：*Murphy's War*
公開：1971年
監督：ピーター・イェーツ
出演：ピーター・オトゥール、シアン・フィリップス他
製作国：イギリス

ツ軍の潜水艦Uボートと、軍が使用する暗号解読を題材とする『U―571』[3]や『イミテーション・ゲーム　エニグマと天才数学者の秘密』[4]。潜水艦は正体不明の謎[5]の側にある。古くはジュール・ヴェルヌ『海底二万里』（1870）があり、これを原作とする映画『海底二万哩』[6]では、どうやら原子力で動いている黒一色の潜水艦ノーチラス号[7]が航行する。ただ、艦の母港とおぼしき港には緑が溢れていた。

日本で実際の潜水艦の内部を見学するには、呉まで行くことになる。[8]潜水艦は人工の鯨のような姿をしていて黒や灰の一色だ。[9]

3　原題：*U-571*、公開：2000年、監督：ジョナサン・モストウ、出演：マシュー・マコノヒー他、製作国：アメリカ。
4　原題：The Imitation Game、公開：2014年、監督：モルテン・ティルドゥム、出演：ベネディクト・カンバーバッチ、キーラ・ナイトレイ他、製作国：アメリカ。
5　艦長名は〝だれでもない男〟を意味するネモ。
6　原題：*20000 Leagues Under the Sea*、公開：1954年、監督：リチャード・フライシャー、出演：カーク・ダグラス、ジェームズ・メイソン他、製作国：アメリカ。
7　アメリカで作られた世界初の原子力潜水艦も「ノーチラス」と名付けられていた。
8　海上自衛隊呉資料館（愛称、てつのくじら館）で実際に海上自衛隊で運用されていた潜水艦あきしおの内部を見学できる。広島県呉市宝町5番32号。
9　アメリカの連続テレビドラマ『原子力潜水艦シービュー号』の潜水艦の表面は灰色だった。日本では同シリーズの第2シーズンが1967年からカラーで放映された。

「もし」を自分のなかに探す ―『日の名残り』〔執事〕

カズオ・イシグロの小説『日の名残り』[10]は、同じ屋敷に勤めた執事のスティーヴンスと女中頭ミス・ケントン[11]の二人が別れたのち、二十年の歳月を経て再会する物語だ。スティーヴンスは主人に仕えること、父を看病することなどに人生を費やし、ミス・ケントンとの感情的交流には至らなかった。にもかかわらず、屋敷の主の勧めでかれの車を借りイングランド西部を旅し、今はベンの妻となったミス・ケントンに会いに行く。そして二人は、もしこの相手と一緒になっていたらと考える。当然、観客もそのように考えるように仕組まれているわけで、今度は観客自身が「もし」を自分のなかに探すというからくりだ。

こういう作品は昔からある。わかりやすい二作品に触れよう。まずはフランスの映画『シェルブールの雨傘』（1964）。若者は徴兵で町を出る。娘は若者の子どもを身ごもる。若者の留守中、財力のある男性があらわれ、子どもも引き取り結婚を望む。さて、若者は帰還し、別の女性と結婚し、ガソリンスタンドを営む。そこへかつての恋人が子どもを連れて給油に来る。互いにすぐ気づき、

10　1989。邦訳は土屋政雄訳『日の名残り』（ハヤカワepi文庫、2001）。

11　ミス・ケントン、つまりミセス・ベン役のエマ・トンプソンは、他の作品に見られるエマ・トンプソン的余裕があまり見られない、珍しい例と言えるかもしれない。

互いに「もし」を考えるという設定で、そこから観客は自分の「もし」に向かう。[12]
『日の名残り』はカントリー・ハウスを主たる舞台とする。またイングランドの西部のノース・サマセットといった地名が出てきて、定点としてのカントリー・ハウスと旅先としてのそうした土地での出来事がバランスよく描かれている。執事はカントリー・ハウスの使用人を率いてその維持、管理を担う。日本で執事という職業の具体が理解され始めたのは、この作品も大きく影響している。カントリー・ハウスは現在ではその持ち主が費用をまかなえなくなり、ナショナル・トラストなどが管理しているものも少なくない。

カズオ・イシグロに『わたしたちが孤児だったころ』[13]という作品がある。大学を卒業した主人公がロンドンのケンジントン界隈に住み探偵業を営み、やがて子どものころ上海で行方不明になった両親を探す旅に出る。これが映画化されていればさぞやの作品になろうと探してみてもない。一方、アメリカの映画監督スティーヴン・スピルバーグに『太陽の帝国』（1987）という映画があり、この映画と同

12　この基本形をさらに克明にしかも技巧的に描いたのがアメリカ映画『ラ・ラ・ランド』（2016）だ。オースティンの伝記映画『ジェイン・オースティンの後悔』（2008）もその系譜の作品だ。またP・K・ディック原作のドラマ『高い城の男』（2015、AMAZONスタジオ）も。

13　2000。邦訳は入江真佐子訳『わたしたちが孤児だったころ』（ハヤカワepi文庫、2006）。

10　**映画『日の名残り』**
原題：*The Remains of the Day*
公開：1993年
監督：ジェームズ・アイヴォリー
出演：アンソニー・ホプキンス、エマ・トンプソン他
製作国：イギリス、アメリカ

名の原作小説[14]がイシグロの『わたしたちが孤児だったころ』に影響をおよぼしているようなところもあり、思わずそれぞれの年代を確認したくなる。

また、カズオ・イシグロ脚本の映画『生きる─LIVING』（2022）も一九五〇年代のイングランドが舞台で、イシグロはその時代から何としてもこちらに向かいたくないのではないかと思えてくる。ロンドン郊外から列車で通勤する公務員の姿が詳しく描かれている。

上海と少年──『太陽の帝国』[少年]

映画『太陽の帝国』[15]の少年ジムはディケンズの描くプロタゴニスト[16]として少年たちを彷彿とさせる。繊維会社を経営する父とやさしい母のもと上海租界の高級住宅に住み、何不自由のない生活をおくるジムは、ある日、両親とともにシンドバッドの衣装を着て上海社交界のパーティに出かけ、会場の邸宅の庭で日の丸のついた模型飛行機を追いながら土手に登る。すると向こうには日本軍の兵士たちが休息の最中で、日本兵たちはジムを見るやうすら笑いをうかべる。日本軍は間もなく上海中心部に入る。ジムは両親とはぐれ、一人になったところで、豪邸から家具などを盗むアメリカ

14 最新の邦訳に『太陽の帝国』（J・G・バラード著、山田和子訳、創元SF文庫、2019）がある。
15 日本人の俳優も多数出演している。山田隆夫、ガッツ石松、伊武雅刀など。
16 物語を展開し牽引していく役割を担う主人公。

人の二人組に出会い、自らも生き延びるため、どのイギリス人の邸宅に何があると二人を手伝う。ここが妙にディケンズの『オリヴァー・ツイスト』を想起させる。スリのグループに入り、一人悪戦苦闘するあのオリヴァーだ。[17]

中盤から後半は一人またひとりと亡くなっていく収容所が舞台となる。日本兵の友人までできる。ジムは飛行機に憧れをいだいたまま成長する。最初は日本軍の零戦《ゼロ》、それが結末付近ではアメリカ軍のＰ51ムマスタングとなる。

乗組員の一人が詩人ルパート・ブルック[18]の「イングランドの土」を自作と偽ってクルーに朗読する映画『メンフィス・ベル』[19]は、戦闘機ではなく爆撃機という機械、爆撃機というモノが重要な場となっている。『太陽の帝国』はこの作品とも、どこかでつながっていそうだ。

17　両親との別れ、ディケンズ世界や、イシグロの『わたしたちが孤児だったころ』の筋立てに重なる。

18　１８８７―１９１５。イギリスの若き戦争詩人として知られる。第一次世界大戦中27歳で戦病死。

19　第二次世界大戦の対独空爆のため英に駐留した米爆撃機の若き搭乗員の戦いを描いた作品。原題：Memphis Belle、公開：１９９０年、監督：マイケル・ケイトン＝ジョーンズ、出演：マシュー・モディーン、エリック・ストルツ他、製作国：イギリス、アメリカ。

15　**映画『太陽の帝国』**
原題：*Empire of the Sun*
公開：1987年
監督：スティーヴン・スピルバーグ
出演：クリスチャン・ベール他
製作国：アメリカ

トリニダードからイギリスへ ――『神秘の指圧師』〔作家〕

一九五四年、V・S・ナイポール[20]が四年間を過ごしたオックスフォードの鉄道駅でひとりの男を待っている。男はガネーシャという名でトリニダード島からやってきた。地元では「神秘の指圧師」と呼ばれ、独学で人の尊敬を集め、相談にのり、本を著す。そのガネーシャが昔アドバイスをし、今は大学生となったナイポールを訪ね、大学町を見学する。コレッジの書棚を眺め並んでいる本に感動する場面は、そのままオックスフォードに来た当時のナイポールのものであったろう。かれらの故郷トリニダードの最高学府はクイーンズ・ロイヤル・コレッジで、大学はなかった。進学のためには奨学金を得て、外国の大学を目指すことになる。

　そうしたナイポールのトリニダード時代を自伝的に描いたのが『ビスワス氏の家』で、今、手元にある映画『*The Mystic Masseur*（神秘の指圧師）』[21]はそれと重なる時代設定なので、イングランドに渡る前の初期のナイポール作品に描かれているさまざまな土地やエピソードを盛り込んでおり、ナイポールファンは何度も動画を止めては確認をする。作品は大工原彌太郎による翻訳も出ていて、ナイ

21　映画『The Mystic Masseur』
公開：2001年
監督：Nayeem Hafizka and Richard Hawley
出演：Om Puri ほか
製作国：トリニダード・アンド・トバゴ

20　V・S・ナイポールについては26―27頁および脚注を参照。

ポールのルーツ理解を助ける。[22]

ピーターラビット作者の生涯――『ミス・ポター』〔作家〕

兎の絵の「ピーターラビット」を産み出したビアトリクス・ポターの生涯を描いた映画『ミス・ポター』[23]の主演は、『ブリジット・ジョーンズの日記』[24]でも主演したレネー・ゼルウィガーだ。ビアトリクスは銀行員を父にもち、なに不自由のない生活をしていた。唯一の楽しみは絵を描くこと、しかも森のなかの動物たちを描くことだった。苦労のあげく出版の段取りが整い、ビアトリクスはその編集者ノーマンと恋におちる。しかし銀行員の父親はそれを許さない。イギリスでは職業上の格差がはなはだしい時代があり、今でもかたちを変えて続いている。ビアトリクスにとって不幸なことは、結婚前にノーマンが命を落としたことだ。他方、自分の作品は売れに売れた。のちに開発の危機に瀕していた湖水地方の土地を次々と買い、自然保護に力を注ぐ。そして土地の管理に尽力した弁護

22　自転車で島を移動する姿など『中心の発見』（二〇〇三年、草思社）のなかの「自伝へのプロローグ」のシーンを彷彿とさせる映像もある。

24　若い女性がいかに伴侶を見つけるかというジェイン・オースティンあたりで芸術的にもピークに達したテーマの二十一世紀版で、現代だけあって、十八世紀末から十九世紀初頭のオースティン作品にない、身も蓋もない内容も含まれている。

23　**映画『ミス・ポター』**
原題：*Miss Potter*
公開：2006年
監督：クリス・ヌーナン
出演：レネー・ゼルウィガー、ユアン・マクレガー他
製作国：アメリカ、イギリス

士と結婚する。かの女の作品は日本でポピュラーになり[25]、かの女の護ったイギリス湖水地方の自然を見に行くのが遠いという場合は、ちょうど伊豆・箱根あたりで、なんとかそうした気分に浸ることができる。

それぞれの戦争の記憶――『レイルウェイ　運命の旅路』〔退役軍人〕

船は緑とは無縁の青い海原をすべり、列車の乗客は車窓の緑に目を休める。ひとりの男が列車に乗りロンドンから自宅のあるエジンバラに戻る途上、そこにもうひとり、若くして仕事を引退した独身の女性が乗り合わせる。映画『レイルウェイ　運命の旅路』[26]の男はコリン・ファース、女はニコル・キッドマン。列車のなかでふたりは互いを意識する。第一、そううまい具合に二人が列車で出会うか、という疑問が大方の視聴者の心には浮かぼうが、こういうところがつくりものとしての映画の弱点でもあり、また時に強みでもある。ありえないと思わせるところがまた強みであり、でもうなるだろうと思わせるところがさらなる強みになる。

コリンの家にニコルも住み始め、幸せに暮らしました、

25　2022年、「出版120周年　ピーターラビット™展」が静岡市美術館などで開催され、バックス・バニーやミッフィーといった兎たちに先んじて登場したこの有名な兎たちはさらに身近な存在となった。

26　映画『レイルウェイ　運命の旅路』
原題：*The Railway Man*
公開：2013年
監督：ジョナサン・テプリツキー
出演：コリン・ファース、ニコール・キッドマン、真田広之他
製作国：オーストラリア、イギリス

という話ではない。コリンには過去があった。第二次世界大戦中にアジアで日本軍の捕虜となったことの後遺症に悩む。鉄道敷設の重労働に従事し、日本兵（真田広之）の監視化におかれ、多くの仲間が亡くなるが、コリンは帰還できた。しかし過去の亡霊に悩まされ続ける。同じ軍隊経験者たちも手の施しようがない。

日本軍とイギリスの少年を扱った『太陽の帝国』（164頁参照）同様、日本兵とイギリス兵の戦後を扱ったこの映画も視聴する日本人の身内、親戚と戦争との関係次第で、反応も複雑に異なる作品だ。

緑豊かな村の暗部 ―『ホット・ファズ』［警察官］

組織のなかで群を抜いて高い検挙率を誇るロンドン警察官のニコラスは、まわりからも上司からも煙たがられている。『ボットファズ　俺たちスーパーポリスメン！』[27]の冒頭だ。上司に呼びだしを受け、サンドフォードという地方の村の警察署への赴任を命じられる。村は緑豊かで、落ち着いた佇まいだ。村の名士もニコラスを歓迎する。だがその土地は少年がパブで飲酒する、車で帰宅しようとする酔った男を逮捕すると後で警官だとわかるなど、ニコラスには驚くことばかり。署の同僚には働くという意識が希薄

26　映画『ホット・ファズ　俺たちスーパーポリスメン！』
原題：*Hot Fuzz*
公開：2006年
監督：エドガー・ライト
出演：サイモン・ペッグ、ニック・フロスト他
製作国：イギリス、フランス、アメリカ

で、ここでは事件は起きないと言い張る。前半はそのようにして喜劇的に進行し、作品は喜劇として視聴者のなかに定着するかにみえる。

ところがニコラスはこの一見平和で、緑豊かな村の暗部に気づいてしまう。村の治める長老たちの真の姿を見てしまう。そしてニコラスと村人たちの直接的対立が始まる。作品は俄かにアクション・ホラーに衣替えする。長老たちは徒党を組んでニコラスを排斥しようとする。ニコラスはかれらの孫の世代の協力を得て一人闘う。

ときとして独特の規範や風習をもつ村[28]もあり、余所者はそれを容易に理解しない。こうした村の体系は余所者や若者にいつかは破壊される運命にあるが、その時に生じる新と旧、外と内の対立は尋常ではない。『ホット・ファズ』は喜劇として始まり、深刻な問題を抉りだす。

ケイトのふたりのエリザベス――『エリザベス』『エリザベス：ゴールデン・エイジ』

エリザベスI世を描いた伝記映画『エリザベス』[29]と『エリザベス：ゴールデン・エイジ』[30]は同じ

28 映画ではいくつもの「村」が描かれている。その名もずばりの『ヴィレッジ』（2004）は、作中のヒロインが盲目であることの意味がしだいにわかるというからくりの映画だ。日本のテレビドラマで映画にもなった「トリック（TRICK）」（2000—2003他）のシリーズに「村」は欠かせない。『ホット・ファズ』同様、余所者の警察官ニールがひとり闘う『ウィッカーマン』（1973）に描かれるような土地もある。

29 原題：*Elizabeth*、公開：1998年、監督：シェカール・カプール、出演：ケイト・ブランシェット、ジョセフ・ファインズ他、製作国：イギリス。

30 原題：*Elizabeth: The Golden Age*、公開：2007年、監督：シェカール・カプール、出演：ケイト・ブランシェット、ジェフリー・ラッシュ他、製作国：イギリス。

ケイト・ブランシェットがエリザベスI世を演じているが、伝記的力点は異なる。『エリザベス』が獄中のメアリーの処刑のころを中心としているのに対し、『エリザベス：ゴールデン・エイジ』はスペインとの海戦に臨むあたりに主眼がある。畢竟、後者の厚みと前者の若さが見比べるときの着眼点となる。後者の甲冑にまとい白い馬にまたがるエリザベスが記憶に残る。

君主は、庶民が命がけで生活しているのとは別の意味で、命がけだ。暗殺の危険は常にあった。そうであればこそ、海外からの貢物をうやうやしく差し出す外交使節団を前にして、女王の臣下に毒味を促す場面も緊張の連続のなかにあって、一服のコミックとなる。

ファミリーではないスパイ——『裏切りのサーカス』〔諜報員〕

映画『裏切りのサーカス』[31]はすでに退職した老スパイ、ゲイリー・オールドマン[32]演じるジョージが主人公だ。イギリスの外務大臣オリヴァーはジョージを呼びつけ、人肌脱いでもらいたいと言う。ジョージのミッ

32　『ウィンストン・チャーチル　ヒトラーから世界を救った男』（2017）では第二次世界大戦時の英国の恰幅のよい首相を演じた。チャーチルの妻役はクリスティーナ・スコット＝トーマス。

31　映画『裏切りのサーカス』
原題：*Tinker Tailor Soldier Spy*
公開：2011年
監督：トーマス・アルフレッドソン
出演：ゲイリー・オールドマン、コリン・ファース、ベネディクト・カンバーバッチ他
製作国：イギリス、フランス、ドイツ

ションは、「サーカス」、つまりＭＩ６（イギリス情報局秘密情報部）[33]の最高幹部の中から「もぐら」（旧ソ連のスパイ）をあぶりだすことにある。「自分はもう引退している」という辞退のことばに、オリヴァーは「アウトサイド・ザ・ファミリー」（身内をはずれているから適任）と言う。ＢＢＣのテレビドラマ『シャーロック』（２０１０―２０１７）で活躍することになるベネディクト・カンバーパッチが部下としてつく。早速、病院で亡くなった元上司コントロール（暗号名）のフラット（マンション）に侵入すると、遺品のテーブルの上にチェスボードがおいてある。

コントロールは日本風に言えば、畳の上で死ねなかった。何者かが病院で点滴に薬を入れ、薬殺でもされたかのようなシーンがうつる。チェスボードのコマには、コントロールが在任当時の部下の顔写真が一人ひとりはりつけてあった。それを今、ジョージは確認する。鍵掛屋（ティンカー）、仕立て屋（テイラー）、貧者（プアマン）、兵士（ソルジャー）、そして諜報員（スパイ）。「スパイ」には自分の写真が貼られていた。ジョージは今、コントロールが自分を「もぐら」だと疑っていたことを知る。

この作品を観ると、ホルヘ・ルイス・ボルヘスの「チェス」[34]という詩を読み終えたときの境地に

33　イギリスのスパイ映画なら『ジョーンの秘密』（２０１９）がある。高齢の女性ジョーンはある日、思いがけぬ訪問を受ける。ＭＩ５（イギリス情報局保安部）が五人の人物に逮捕状を持って訪れていた、その一人だった。『ジョーンの秘密』の衝撃的場面だ。ただちにかの女は連行され、一つひとつ秘密が暴かれる。それはかの女のケンブリッジ大学時代の生活までに遡る。

34　「チェス（*Ajedrez*）」は『創造者』（ホルヘ・ルイス・ボルヘス著、鼓直訳、岩波文庫、２００９、初版は１９６０）所収。「神がプレーヤーを動かし、プレーヤーが駒を動かす」その神を動かすものを問う。

いたる。全編、灰色の支配する世界にあって、ジョージが資料室から盗み出すノートの表紙の深い緑が印象に残る。

騙されたのは誰か ―『グッドライアー　偽りのゲーム』［引退した大学教授］

『グッドライアー　偽りのゲーム』[35]は大学教授を引退した女性ベティが同年配の男性ロイと交際をするところから始まる。ネットで相手を募集する。食事をする。やがてベティの家にロイが転がりこむ。ベティの孫スティーヴンは断固反対し、祖母を守ろうとする。孫は今、ヒトラーの時代の建設大臣シュペアーをテーマに博士論文を書いているところで、ドイツに詳しい。

ベティは男性の嘘に次々と騙されていくのだが、ここで視聴者ははたと思う。ベティ役は人を操る役をいくつもこなしてきたヘレン・ミレン[36]だ。結婚詐欺まがいの男性に簡単に騙されるような役は不似合いだし、そういう役もこなせるのが芸の幅の見せ所かもしれない

36　テレビシリーズの『第一容疑者』（原題：*Prime Suspect*、１９９１―、グラナダＴＶ製作）で多くの男性の部下を従えるジェーン・テニスン警視（detective superintendent）を演じた。

35　**映画『グッドライアー　偽りのゲーム』**
原題：*The Good Liar*
原作：『老いたる詐欺師』
（ニコラス・サール著、真崎義博訳、ハヤカワ・ミステリ）
公開：2019年
監督：ビル・コンドン
出演：ヘレン・ミレン、イアン・マッケラン他
製作国：アメリカ

と視聴者が感じ始めたころ、ベティとロイの立場が逆転する。

ロイはベティから預金をだまし取り、逃亡を図るものの、銀行口座のキーパッドを忘れる。そしてベティの家に戻ってからが、大団円となる。話はイギリスとドイツの第二次世界大戦時代にまでさかのぼり、ロイのような人物は決してかれ一人ではなかろうと観る者に思わせる。騙される立場とはどういうものかを騙してきた人物に経験させるというからくりの妙が、全体の構図の暗さからなんとか視聴者を救う。

第八章　緑という言語

緑と車窓の経験

緑との縁は箱庭に遡る。図鑑で見た池の断面図がおもしろく、水草や淡水魚にも目が向く。再現しようと、水槽に石や砂や土を入れ、水草を植え、釣ってきた鮒を入れる。水と緑の世界だ。高校の生物の教科書で池のさらに精緻な図版を見て、生物の食物連鎖に関心を持つ。ところがその後、関心は文字でつくられた世界に移り、日本語から英語と文字を渡り歩いた。イギリス文学がことばによる芸術の総体と納得し、詩、小説、評論、旅行記、その一作品一作品を堪能しはじめた。文字は自然からの乖離著しい。

ある年、ロンドンからスコットランドのエディンバラに向かった。途中、客車がカーブで傾くと、緑の土地が斜めに見え、そこに羊たちが白い点のように点在し、遠近法によるのとは別の世界が車窓に広がった。その緑は今も脳裏をよぎる。

イギリス、いやヨーロッパ、いや世界の鉄道の記憶に浸る、あるいはまだ見ぬ、まだ知らぬ路線に思いをはせるのによい映像は『世界の車窓から』[1]のシリーズだ。世界各国の鉄道の旅を通じて異

1　主にテレビ朝日系列で1987年から放送が続く、列車の旅を綴る数分の紀行番組。2002年の時点ですでにDVD『「世界の車窓から」世界一周鉄道の旅』全10巻（企画制作：テレビ朝日、テレコムスタッフ、発売：ビクターエンタテインメント）が出ており、イギリス、スイス、スペイン、フランス、オーストリア、ブラジル、アメリカ、オーストラリア、中国、インドの風景が楽しめる。その後も多くのメディアが販売され、また配信も行われている。

なる風景を見ることができる。

一例にイギリスをとれば、ロンドンからバース、リヴァプール、エディンバラまで行き、そこから南下する経路が紹介されていて、マン島やその他の枝分かれした路線も紹介されている。リヴァプールのジョン・レノンとポール・マッカートニーが出会った教会や湖水地方の詩人ワーズワースが晩年を過ごした家、マッキントッシュがデザインした新旧一体化を特徴とするデザインのグラスゴーの建物、そして鉄道の父とも言えるジョージ・スティーブンソンの像など、イギリス文化の形成にあずかった著名人の説明も各所にある。列車[2]は都市の駅周辺をのぞき、ほとんど緑のなかを走っている。羊もいる。

緑の言語世界から

ロンドンに戻り、身の周りの緑を確認した。エディンバラ旅行までは、チャールズ・ディケンズのロンドンばかりを見ていたので、灰色のロンドンから緑のロンドンへの移動には手間取った。ディケンズの『われらが共通の友』のロンドンの冒頭は、黒とも灰色ともつかぬテムズ川で、緑とはほど遠かった。

2　それに劣らず関心のひくのは、列車の編成が撮影時点で何両の構成かとか、トンネルや橋や海と車両の一体感の度合いといったもので、鉄道ファンならずともおもわぬ発見がある。

ほどなくラッセル・スクエアも、ブルームズスクエアも、ベッドフォード・スクエアも、すべて緑と再確認した。ケンジントン・パークの花も鑑賞した。自然史博物館のいかにも自然のままにというかまえのイングリッシュ・ガーデンも見た。ロンドン中心部のスクエアも歩いた。芝や木々の緑は都会ほど貴重だ。緑のスクエアは、灰色の都市のつかのまの憩いの場だ。灰色が主、緑が従という構図。

日本に戻り、地方都市に住んだ。新幹線が通り、駅前とその周辺でマンションの地域が終わり十分も歩くと一戸建ての住居になるというつくりの街は緑があまりに多いので、そのありがたさを意識しないで、文字の世界にいた。ある秋の日、空間に何か植えてみようと思い立った。オリーブにした。

ここから著者の緑の言語習得が始まった。子どものころの箱庭、エディンバラへの途中目にした見事な緑、ロンドンの緑、地方都市の緑。オリーブを日々見ているうちに、市内のオリーブが気になりだした。名前もわからぬ木々にも目が向いた。日本の木々[3]の世界、緑の世界が眼前にひろがる。オリーブをひとつの単語と考えれば、それをきっかけにまるで新しい外国語の世界が眼前にひろがっているような気になる。緑の言語世界に足を踏み入れた。

3　日本で緑を愛でるのにすこし変わった風景がある。静岡県伊東市の大室山だ。かたちは富士山のようだが小さな山一面に緑、二月に山焼きをする。枯草は赤くなり、そして煙となり、最後は灰色の斜面が残る。春になるとまた緑になる。

学問にしても趣味にしても、人はひとつの関心をきっかけにそれを包み込む言語世界に飛び込む。緑とどのように付き合うのか、付き合うもなにも目の前に緑のある農家の人と灰色の都会のコンクリートのなかで暮らしている人とでは、正反対の反応も予想される。もっとも緑に囲まれ、何もないところと思っている若者が、その地を出たいという気持ちを持つものわからないではない。緑は貴重だが、どこを向いても緑という生活は、都会の灰色の生活をしてみて初めて貴重さがわかる。

食べるということも緑に触れる機会となる。そしてかぐ。都会に住み、週末や休暇に集中的に緑と接する。サラダがなければ体調がおかしくなるほど緑は食に必須だ。寿司となれば、かっぱ巻きあたりから食べたくなる。アボガド巻も今では人に良く知られている。天ぷらであれば、シソ、オクラ、ピーマンがまず浮かぶ。ロンドンではスプラウトを茹でて、来る日も来る日も食べた。たしかベルギー産で、日本の芽キャベツだ。

自然現象であれ、文化であれ、それぞれの世界に言語があり文法がある。本書では映画の言語と文法に触れた。ただし技術的な側面を掘り下げたわけではない。むしろ観る者として感性の言語、言語矛盾を承知で言えば、言語以前の感動に関わった。

大室山を北西から望む
（Wikimedia,PD）

一度は通る学習の峠

大人になれば仕事に追われる。職業上の束縛がかかる。学生時代のような時間管理、あるいは非管理は、高齢者になるまで、あるいは高齢者になっても戻らない。そこで学生時代に深く映画を観る。数を観る。少数でも深く観る。一度、深さを知り、質の意味を知ると、仕事に就き、たまに二時間を捻出しても、浅さ、量に流れる鑑賞を避けられる。すぐに時間のあったあの学生時代の深みに戻れる。

英語の学習に置き換えてみる。まだ四十歳台のころに文学部英文学科のゼミを担当し、ピリオドまで五行くらいある、とても難しい英文を教材にしたことがあった。難しい英文を読む力をつけるのは今のうち、難しい映画も同様といった頑固さがあった。授業が始まると、九〇分で三行程度というところから始まった。結局、教員が解説し、訳す。訳してもその日本語の意味のわからない学生もいた。夏休みが近づいてもまだ苦しい。こちらは伝える苦しさ、学生はわからない苦しさ。夏が過ぎ、学生の経験値が少し上がった。十月のある日、あたった学生が白板に訳文を書いた。やっと正解が一回で出た。まわりは驚いた。別の学生が方法をたずねた。正解を出した学生はわからない単語をすべて辞書で調べ、日本語としてその長い文章のすべてがわかるまで、考え続けたという。月並みな作業にみな驚いた。別の教員にこの話をすると、一回は通らなければならない道だ、とこれも月並みなことばが返ってきた。語学に特効薬はなく、あるのは地道な作業だ。映画鑑賞にも特効薬はなく、よい作品を早送りしないで少数でも味わうこと。その少数は百本、千本の早送りより勝る。

答えの出る問題、出ない問題

英語の習熟には時間がかかる。深みのある英語の力をつけるには時間がかかる。他方、もう少し目的のはっきりした資格試験の英語がある。飛行機や宿の手配、部屋を借りる方法といった具体的な内容が中心で、背景の探究といっても、それは文字情報をきっかけにさらに調べていくといった作業にとどまり、抽象的な議論には入らない。環境問題などが扱われていても、グラフやチャートをまず読むという問題あり、先にはなかなかたどり着けない。資格試験の形式を入口として、資料をそろえ、抽象的な話に向かうということも可能だが、学期中に時間不足になる。

英語の教材、さらに言葉の教材での学習では、答えの出る問題を扱うものと、答えの出にくい問題を扱うもの、さらに答えの出ない問題を扱うものに大別して進めると混乱が減る。

答えの出る問題というのは資格試験、入学試験、定期試験、就職試験などの英語の問題で、一定の試験対策をした受験者のだれもが、学習時間に応じ、正解に到達できる。わかりやすい例が四つの選択肢のなかから答えをひとつ選び、その記号をマークシート用紙に鉛筆で記入するかたちだ。

コンピューターで採点できる。学習者と教材との相性がよければ、独習でかなりのところまで到達できる。

答えの出にくい問題、答えの出ない問題というのも、英語の問題に限らず、世の中にはいくらでもある。学生時代を終えて社会に出ると、個人にどっとかぶさってくるのがそうした問題を前に、学生時代に型にはまった問題を解いてきた個人は狼狽する。しかし仕事はある、残業はある、自炊する日々の生活があり、人との交流の時間も少なくなるなかで、社会人になってから答えの出にくい問題をじっくり考える時間を確保しようなどと唱えること自体、現実無視と見なされかねない。少しは時間のある学生時代に、答えの出ない問題は無理としても、答えの出にくい問題をどう扱うかを心得ることがその後の語学力の分水嶺になる。

実用と教養、融合の半世紀

英語は苦手という初心者、さらに、英語は好きでも嫌いでもないが資格試験の点数はほどほどにとることができる、しかし何か物足りないという中間層的な学習者の、その先の学習のかたちを考えてみる。

答えの出る英語教材を中心に学習するのが実用主義、答えの出にくい英語教材を中心に学習するのが教養主義と、ひとまずこう言っておこう。ふたつのどちらが重要かと順位をつけたくなる人もいるだろうが、答えはふたつとも重要という結論に落ち着く。

来週外国に出張するとなれば、だれしも、空港やホテルで必要な英語の予習や復習を泥縄式に行うだろう。英語圏で硬派のベストセラーが出れば、一応買って、翻訳でも内容をおそるおそる読む。歯が立たないとダイジェストや書評でお茶を濁し、自分の教養のなさを恥じる。といって付け焼刃で教養は身につかないから、グランドをあと何周かしないとという気分で、そのうちわかるだろうくらいの楽観主義をもって読み進め[4]、あとは忘れるという学習のかたちもある。

実用主義と教養主義というわかりやすい二分法があるとして、どちらから入るか。いずれは双方を行き来する、双方の垣根すら見えないところまで行くという段階に目標を設定しつつも、どちらから入るかは学習者の好みによる。

中学校から英語を習ったものの、そのやや軽薄な授業展開に英語に嫌気がさし、フランス語やドイツ語の学習に熱を注ぐ人がいる。こういう人の目に映る英語の「軽薄感」とは、名前で生徒を呼んだり、授業が始まるなり、英語で挨拶をするといったあのなんとも言えない教室の同調圧力であったりする。「民主主義」とか「自由」といった概念は、ときに英語学習と同時に日本人の生徒の頭に入ってきたものであるのに、教室世界がその教えとねじれていたら、生徒は戸惑う。そこで文庫

4　ミチコ・カクタニの『真実の終わり』（岡崎玲子訳、集英社、２０１９）はこのようにじっくりと読む本の一例だろう。そこではことばがなぜこれほどまでに空疎になってしまったかについての考察がコンパクトに収められており、数々の外国語教育のアプローチとはまた違った言語をめぐる危機意識が見えてくる。

本や古典を読み、「軽薄感」から距離をおこうとする。一九七〇年代から八〇年代と時代を区切るのも妙だが、個人差はともかく、こういう学生たちがひとつの塊としてあった。その塊が次第に小さくなり、英語の難しい本を読むのは苦手だが、外国には行きたい、外国語を話してみたいという人の塊が増加したのが九〇年代以降。しかし、外国は見たものの、レストランひとつの注文すらままならぬと気づいて、実用英語の必要をますます意識し出す人が出た。他方、外国でも文字が読めなければ話にならない、新聞ひとつだってわかりやすいようでいて、その奥を知るには知識がいるという認識も広まる。実用英語、教養英語、どちらも必要という結論に変わりはない。個人によって必要性の比率が異なるだけだ。

大きく化ける

著者の中学生時代、中学校の英語の教科書は一学年一冊で、三年間で三冊という極めておおらかな構成だった。高校になると一学年はリーダーの教科書と文法の教科書の二冊になり、細分化がはじまった。文法用語がたくさん頭に入り、肝心の英語を読む楽しみのようなものが薄れていくようにも感じだした。文法用語をひとまずわきにおき、当時まだ古い建物であった東京・神田の三省堂や東京堂に出かけ、注のついた読み物を、ただその楽しみだけのために読んだ。するとある日、突然、受験参考書や読み物の英語が、日本語に置き換えたり、文法事項を確認したりすることなく読めるようになった。自分にとっての「大化け」であったのだろう。いつの間にか自転車に乗れるようになった。いつの間にか泳げるようになった。いつかという記憶はない。どうしてそうなったかも記憶にない。しかもなんとも言えない心地よさがあった。

自転車に乗り、自分はなぜ自転車に乗れるのかと考え出すと転倒する。「大化け」、いや、自転車程度であれば「小化け」でもよいが、「化ける」とはそういうことだ。これがいろいろなスポーツや科目、さらに学問分野にもある。「大化け」は待っていてやってくるものではない。では「大化け」がやってくるまで何をしていればよいのか。これが実は、「大化け」と矛盾するようだが、日々の細かい作業を続けることにある。単語の意味を辞書で確認するとか、その発音を辞書の音声機能で確認するとかいった、泥臭い作業を繰り返していないと「大化け」は来ない。雑誌や新聞記事が英語でなんとか読めるようになったからと言って、辞書を開くことをおっくうがっていると、日本語の場合と同じでとんでもない勘違いを抱えたまま過ごすことになる。

映画の観方でもこの「大化け」があり、それを高校生くらいから経験しておくと、その後に映画を自分の基準で評価できるようになる。

おわりに

大学は今、大きな変化の過程にある。明治維新からの知識の伝達が中心の大学教育は、第二次世界大戦後の進学率の上昇の後も、大きな変化を見なかった。大学紛争の後でもそうだ。伝達は相変わらず続いた。しかし二十一世紀もここまで来ると、伝達から発信能力の育成に社会の要求が変化した。教えを受けた教員の先例にならって伝達を反復しつつ、何か変だと考える教員が増えた。

著者は三十歳台のほんの短い時間の経験から、発信型の空間の魅力に接した。ひとつは創作の合評会で、会員の作品を順に忌憚なく批評する。終わると次の会員の作品を批評する。会員たちの作品があまりにうまいので、小説の筆はなかなか執れなくなったが、小説の読み方は鍛えられた。もうひとつは勤務先の教授会で、教養部という組織で月二回教授会があり、それが十五時から二十一時まで続いた。発言する同僚たちのことばの背景を理解しようと努めた。それから三十年、そうして発せられたことばの辿り着く先の多様性にもまた驚いた。どちらの集まりもバフチン風に言えば十分ポリフォニックだった。

伝達ばかりではなく発信にも軸足のおける授業はゼミぐらいだったが、それをもう少し拡大したいと常に考えていた。変化は予想外の出来事から起こった。二〇一九年の秋から始まったコロナ禍だ。二〇二〇年四月から遠隔授業が導入された。パソコンの画面に学生の顔が並ぶ。

今、大阪にいます、今、マンチェスターにいます、時差で眠いです、三重県にいます、岐阜県にいます、東京にいますと、参加する学生の居所もまちまちだ。教室という場であれば、伝達の意味は一義的に定まるかもしれない。しかしこうなると、伝達内容も受け手の場所によって違ってこよう。受け手の文化の位置、文化の違いが教育をめぐる問題群のなかに入ってくる。一方的に伝達をしても成り立ちにくい。そこで、こういうことが起ころうとは予想だにしない段階で書いた本を教科書とし、一五回分に割り、学生がその中の項目からひとつを選択して自由に論じ、授業前に提出するというかたちにした。授業当日は対面授業であれ遠隔授業であれ、提出物を書いた当人がそれを朗読する。出席者数に応じ、少ないときは全員、多いときは数人にコメントを求める。最後に教員が発言する。まとめることはしない。こうしているうちに、教員にも、学生が教科書のどの部分に反応するかがわかってくる。それが現代の学生の関心の在処と見えてくる。

本書は、イギリス映画を出発点としつつ、そうした学生の関心の在処の蓄積に対し半分以上反応して書いた。知識はあらゆる場に開放されているのだから、伝達的にいまさら書くことをできるだけ避け、むしろある学生のある発表に対し、別の複数の学生が関心を持って反応した光景を記憶のなかに探りながら書き進めた。十回目を越えるころになると、学生の発信力は堂に入ってきた。そのなかの何人かが、教員の洞察を越える。時代の進歩を目の当たりにした爽快感に包まれる。

そうした瞬間を五冊目の二人三脚となる三月社の編集子と常に共有することを心掛けた。もとより編集子からも容赦ない質問や指摘が飛んできた。それこそ答えの出ないものも。ただ、私がものを書き始めた当初と違うのは、伝達的記述、単線的な記述であったものが、発したことばはどうとでも捉えられうるという受容の複層性を意識するようになった点だ。私の発したことばは、賛同され、また疑問視され、受け手のなかで、それでも生き続け、何かの拍子に別の文脈で受け手のことばの創造に寄与することがわずかでもあれば、そこからまた別の言語空間も生まれるだろう。

◉著者紹介

栂正行（とが・まさゆき）

東京都立大学大学院博士課程中退、同人文学部助手を経て、中京大学教養部、国際教養学部、大学院文学研究科各教授、エクステンションセンター所長などを歴任。現在、同大教養教育研究院教授。

著書に『継承と共有』、『抽象と具体』、『創造と模倣』、『引用と借景』（いずれも三月社）、『絨毯とトランスプランテーション』（音羽書房鶴見書店）、『コヴェント・ガーデン』（河出書房新社）、『刻まれた旅程』（共編著、勁草書房）、『土着と近代』（共編著、音羽書房鶴見書店）、『インド英語小説の世界』（共編著、鳳書房）など。

訳書に『タロット』、『魔術の歴史』、『黒魔術』（いずれも河出書房新社）、『風景と記憶』（共訳、河出書房新社）、『中心と発見』（共訳、草思社）、『モダンの五つの顔』（共訳、せりか書房）、『性のペルソナ』（共訳、河出書房新社）などがある。

灰　都　と　緑　園

水面と英国スクリーン・アート観想

2023年 9月 30日 初版1刷発行

著　者　栂正行

発行人　石井裕一
発行所　株式会社三月社
〒113-0033　東京都文京区本郷一丁目 5 -17 三洋ビル67
tel. 03-5844-6967　fax. 03-5844-6612　http://sangatsusha.jp/
組版・装幀　@gonten

印刷・製本　株式会社シナノ

ISBN978-4-9907755-7-5 C0070